TERRAFUTURA

Diálogos com o Papa Francisco
sobre ecologia integral

Dados Internacionais de Catalogação na Publicação (CIP)
(Simone M. P. Vieira – CRB 8ª/4771)

Petrini, Carlo
    Terrafutura: diálogos com o Papa Francisco sobre ecologia integral / Carlo Petrini; prefácio de Domenico Pompili; tradução de Camila Kintzel. – São Paulo: Editora Senac São Paulo, 2021.

    Título original: Terrafutura: dialoghi con Papa Francesco sull'ecologia integrale.
    ISBN 978-65-5536-956-4 (impresso/2021)
    e-ISBN 978-65-5536-957-1 (ePub/2021)

    1. Ecologia 2. Cidadania 3. Meio ambiente: Preservação ambiental 4. Desenvolvimento sustentável 5. Justiça social 6. Papa (2013: Francisco) I. Título. II. Pompili, Domenico. III. Kintzel, Camila.

21-1425t   CDD – 304.2
                                                BISAC SOC000000
                                                         SCI026000

Índice para catálogo sistemático:
    1. Ecologia humana   304.2

Carlo Petrini

TERRAFUTURA

Diálogos com o Papa Francisco
sobre ecologia integral

Prefácio de Domenico Pompili
Tradução de Camila Kintzel

Editora Senac São Paulo – São Paulo – 2021

ADMINISTRAÇÃO REGIONAL DO SENAC NO ESTADO DE SÃO PAULO
Presidente do Conselho Regional: Abram Szajman
Diretor do Departamento Regional: Luiz Francisco de A. Salgado
Superintendente Universitário e de Desenvolvimento: Luiz Carlos Dourado

EDITORA SENAC SÃO PAULO
Conselho Editorial: Luiz Francisco de A. Salgado
Luiz Carlos Dourado
Darcio Sayad Maia
Lucila Mara Sbrana Sciotti
Luís Américo Tousi Botelho

Gerente/Publisher: Luís Américo Tousi Botelho
Coordenação Editorial/Prospecção: Dolores Crisci Manzano e Ricardo Diana
Administrativo: grupoedsadministrativo@sp.senac.br
Comercial: comercial@editorasenacsp.com.br

Edição e Preparação de Texto: Heloisa Hernandez do Nascimento e Vanessa Rodrigues da Silva
Tradução: Camila Kintzel
Revisão de Texto: Creart Gráfica e Editora Ltda.
Projeto Gráfico: Rocío Isabel González
Editoração Eletrônica: Antonio Carlos De Angelis
Foto da Capa: Servizio Fotografico – Vatican Media
Impressão e Acabamento: Gráfica CS

© 2020 Giunti Editore S.p.A.
Florença – Milão
www.giunti.it

© 2020 Slow Food Editore S.r.l.
Via Audisio, 5
12042 Bra (Cn) – Itália
www.slowfoodeditore.it

Para os textos do Papa Francisco publicados em "Três diálogos" e em "Cinco temas"
© 2020 Libreria Editrice Vaticana

Proibida a reprodução sem autorização expressa.
Todos os direitos reservados à
Editora Senac São Paulo
Rua 24 de Maio, 208 – 3ª andar – Centro – CEP 01041-000
Caixa Postal 1120 – CEP 01032-970 – São Paulo – SP
Tel. (11) 2187-4450 – Fax (11) 2187-4486
E-mail: editora@sp.senac.br
Home page: www.livrariasenac.com.br

© Editora Senac São Paulo, 2021

Sumário

Nota do editor, 7

Prefácio
Diálogos para a Terra – Domenico Pompili, 9

PRIMEIRA PARTE – TRÊS DIÁLOGOS

Introdução – Carlo Petrini, 21
Diálogo de 30 de maio de 2018, 23
Diálogo de 2 de julho de 2019, 49
Diálogo de 9 de julho de 2020, 75

SEGUNDA PARTE – CINCO TEMAS

Biodiversidade
Biodiversidade – Carlo Petrini, 97
Querida Amazônia – Papa Francisco:
  Capítulo II, Um sonho cultural, 109
  Capítulo IV, Um sonho eclesiástico, 118

Economia
Economia – Carlo Petrini, 131
Evangelii gaudium – Papa Francisco, 145
Carta aos movimentos populares – Papa Francisco, 153

Migrações
Migrações – Carlo Petrini, 161
Não se trata apenas de migrantes – Papa Francisco, 175

Educação
Educação – Carlo Petrini, 185
Encontro com os estudantes e com o mundo acadêmico – Papa Francisco, 197
Mensagem para o lançamento do Pacto Educativo – Papa Francisco, 205

Comunidade
Comunidade – Carlo Petrini, 213
(Re)thinking Europe – Papa Francisco, 225
Mensagem ao II Fórum das Comunidades Laudato si' – Papa Francisco, 241

Agradecimentos, 245
Referências, 247

Nota do editor

Neste livro, apresentamos na íntegra as opiniões expressas pelo Papa Francisco e por Carlo Petrini em documentos e diálogos, nos quais compartilham uma mesma preocupação: a forma como a sociedade vem se estruturando, indiferente a questões socioeconômicas e ambientais, sem se dar conta de que todos nós habitamos um só espaço.

Assim, considerando cinco grandes temas – biodiversidade, economia, migrações, educação e comunidade –, voltam seu olhar à Amazônia, ao aquecimento global e aos refugiados e imigrantes, muitas vezes vítimas de exploração econômica em seus países, e discriminados no território aonde chegam, diante de outra cultura, não inclusiva. Como contraponto à globalização do descarte e da indiferença, são pensados modelos possíveis de vida em sociedade, como o das Comunidades Laudato si', que têm como base a cooperação e o reconhecimento do outro como semelhante, ou aquele proposto pela rede Terra Madre, voltado ao desenvolvimento sustentável, entre outros modos e práticas associados à ecologia integral, que partem do pressuposto de que o ser humano e a natureza estão interligados. Tais grupos buscam maneiras de viver em condições econômicas mais igualitárias, prezando pela educação, pela preservação do meio ambiente e pelo desenvolvimento do ser humano na esfera ética e espiritual.

O Senac São Paulo, instituição atuante em âmbito educacional, visa, com este lançamento, contribuir para a reflexão e o diálogo sobre essas temáticas, a fim de impulsionar iniciativas que tenham como valor a ecologia integral e a sustentabilidade de nossa casa comum.

Prefácio

Diálogos para a Terra

Domenico Pompili

A crise ecológica da Terra é a própria crise da civilização técnico-científica, e constitui um golpe fundamental a um dos mitos do nosso tempo: o progresso. Em particular, essa crise pôs em xeque aquele modelo demagógico que resultou não só na acentuação do abismo entre o norte e o sul do mundo como também, e mais radicalmente, na desqualificação da vida humana. A questão ecológica se torna, assim, central no mal-estar que a humanidade enfrenta.

Isso explica a relevância do pensamento do Papa Francisco, que indaga sobre o que está acontecendo em nossa casa.[1] A sua análise se desenvolve sobre as causas profundas de natureza antropológica e ética que estão na raiz do mal-estar. Assim, procura trazer luz às matrizes culturais subjacentes ao atual processo de crescimento, com suas contradições óbvias. O dado que emerge é que a perversidade de certos mecanismos em ação é constituída pela concepção meramente econômica ou economicista do desenvolvimento, concebido

---

[1] FRANCISCO. *Carta encíclica Laudato si'*, Roma, 24 maio 2015.

tanto ingenuamente quanto irresponsavelmente como um processo retilíneo, quase automático, e por si só ilimitado. Esse não parece ser o caminho adequado, e a pandemia de Covid-19 nos ofereceu uma prova adicional disso.

Trata-se de uma crise ética, mas em uma reflexão mais atenta é também uma crise de natureza espiritual, pois questiona aquilo em que os homens do mundo ocidental confiavam. De fato, a relação vital que se estabelece entre uma sociedade humana e seu ambiente natural não é simplesmente fruto da técnica, mas corresponde a um processo metabólico que depende, em última análise, das escolhas de valor realizadas pelo homem. Efetivamente, a própria tecnologia é ciência aplicada, já que todas as aquisições científicas antes ou depois são utilizadas no campo técnico para arrancar da natureza o máximo de bens e de recursos. Daí surge a convicção de que as tecnologias e as ciências naturais – segundo Jürgen Habermas[2] – escondem sempre interesses humanos precisos e nunca prescindem de determinados valores. Tais interesses são regulados à base de valores fundamentais e das convicções nas quais se inspira uma sociedade e da orientação cultural prevalente, seja ela qual for. Por isso, a crise ecológica não pode ser interpretada como um fato exclusivamente técnico, na medida em que remete a uma crise mais profunda: a morte das florestas no nosso entorno volta como um

---

[2] HABERMAS, J. *Conoscenza e interesse*. Bari: Laterza, 1973, p. 280. A esse autor se deve também o conceito linguístico do interesse como guia do conhecimento.

pêndulo, reavivando as neuroses psíquicas e espirituais no nosso interior; à poluição das águas corresponde uma atitude niilista nos confrontos da vida.

Qual é a raiz da corrida louca por um progresso tão desumanizante? Existe só uma resposta: uma vontade desmesurada de domínio.

Todo o desenvolvimento da ciência e da técnica é imediatamente convertido em vontade política para ampliar e consolidar o poder. Daí advém uma concepção de crescimento que se dá exclusivamente em termos quantitativos, sem considerar o limite dos recursos e ignorando completamente as necessidades de caráter qualitativo, que têm como seu único fim o autêntico desenvolvimento humano. Por outro lado, bem diversa é a cultura inerente a outras experiências, talvez mais arcaicas, em que o elemento guia não é simplesmente o crescimento, mas o equilíbrio, e nas quais a relação entre o homem e a natureza é bem diferente. As civilizações ocidentais estão criando um tipo de concepção dicotômica entre Cultura e Natureza, entre consciência e mundo da vida. Tal dicotomia conduz a uma visão puramente instrumental da natureza, considerada como um objeto externo sobre o qual o homem pode exercitar indiscriminadamente o próprio domínio, e não como o hábitat ou ecossistema no qual a vida humana se desenvolve, sendo por isso uma dimensão constitutiva do próprio ser e do devir.

Como surgiu essa situação? Contrariamente à ideia de que as religiões judaico-cristãs ofereceriam as bases para a subjugação da natureza pelo homem,[3] o pensamento social da Igreja deixa emergir um dado: é a falta de compreensão do texto bíblico que prejudicou, em particular, a censura em torno da categoria de criação.

Não falta um tipo de contraprova histórica: o preceito divino "Frutificai e multiplicai-vos" conta pelo menos três mil anos de idade, enquanto a cultura expansionista da Europa, iniciada com a conquista da América, tem pouco mais de quinhentos. As causas do desencadeamento da devastação da natureza devem ser buscadas, portanto, em outro lugar, e é precisamente – como afirma J. Moltmann – na assim chamada religião da modernidade, ou na ideia de que o homem moderno fez, a si mesmo, Deus. De fato, o início do mundo moderno indica também o início do "fim da natureza", e isso se deve, para além de razões econômicas

---

[3] Entre os vários autores que trazem a teologia para o discurso ecológico podem-se citar J. W. Forrester, que no livro *World Dinamics*, de 1971, afirma categoricamente que o cristianismo é a religião do crescimento exponencial, e, sobretudo, Carl Amery, em seu livro de 1972 cujo provocativo título é *Fine della Provvidenza. Le disgraziate conseguenze del cristianesimo* ("Fim da providência. As consequências desgraçadas do cristianismo"). Segundo Amery, a catástrofe que nos ameaça foi formada à sombra da ideia judaico-cristã do ilimitado domínio do homem sobre o mundo: o "dominador da terra" em Gênesis 1:28 teria dado espaço a uma dinâmica irrefreável que tem como resultado o constantinismo e a crescente intromissão da Igreja nos negócios dos homens; o controle das rendas agrícolas por parte dos domínios eclesiásticos medievais; a ética calvinista do lucro e, por fim, a moral da produção e do consumo hoje vigente. Em anos mais recentes, as acusações se tornaram mais sutis – o que se deve também ao grande desenvolvimento do ensino social dos papas a partir da segunda metade do século XX, a saber: João XXIII, com *Pacem in Terris* (1963); Paulo VI, com *Populorum Progressio* (1967); João Paulo II, com *Sollicitudo Rei Socialis* (1987); Bento XVI, *com Caritas in veritate* (2009); e Francisco, com *Laudato si'* (2015).

e técnicas, pela imagem de Deus que se impõe desde o Renascimento. É uma ideia unilateralmente centrada na onipotência divina, a quem o mundo pertence, e do qual se separa claramente porque o Onipotente é cultuado em sua transcendência inacessível. E assim, diante de um "Deus" pensado "sem o mundo", desenha-se "um mundo" concebido "sem deus", privado de seu mistério, e que se torna presa de seu "desencantamento".[4]

Dessa imagem distorcida do divino soberanamente "sozinho" surge, por analogia, aquela um tanto problemática do homem que se concebe como "senhor" e "chefe" da Terra. O homem dispõe da Terra pelo saber que possui, pois "saber é poder" (Francis Bacon).[5] São a ciência e a técnica que constituem os homens como chefes e possuidores da natureza, como declara Descartes na sua teoria da ciência.[6] Não há dúvida de que as correntes filosóficas que se firmaram nos séculos XVI-XVII,

---

[4] WEBER, M. *L'etica protestante e lo spirito del capitalismo*. Firenze: Sansoni, 1970.

[5] "A partir de Bacon e Descartes, conhecer significa dominar: deseja-se conhecer a natureza a fim de padronizá-la, e deseja-se padronizá-la para dela se apropriar e nela fazer o que se deseja. É um tipo de pensamento com uma mão que agarra: compreendo (*Begreifen*) – conceituo (*Begriff*) – controlo (*im Griff*). A razão da assim chamada civilização 'técnico-científica' não se entende mais como órgão observador, mas como instrumento de poder. Segundo Immanuel Kant, que expressava em conceitos filosóficos a visão de mundo de Newton, a razão das ciências naturais no mundo 'vê somente aquilo que ela mesma produz segundo o próprio desenho' e pretende 'constranger a natureza a responder às suas perguntas'. A razão humana se coloca diante da natureza como um inquiridor de testemunhas em contradição. Para Francis Bacon, o experimento é a 'tortura que a natureza sofre para responder às perguntas que fazemos e, assim, revelar seus mistérios'". Ver MOLTMANN, J. *Dio nel progetto del mondo moderno*. Brescia: Queriniana, 1999, p. 136.

[6] DESCARTES, R. *Discorso sul metodo*. Bari: Laterza, 1965, p. 169.

em concomitância com as grandes agitações que assomaram nos sistemas socioeconômicos europeus, forneceram uma base racional para a cisão entre o cosmo e o homem, perdendo-se o autêntico horizonte bíblico e sendo contratada a imagem do transcendente em um sentido rigidamente monoteísta.[7]

A pergunta que se impõe ante a catástrofe ecológica é esta: somos os mestres da natureza ou parte da família da natureza que deve ser respeitada? As florestas tropicais realmente nos pertencem, de modo que possamos decidir derrubá-las e queimá-las, ou representam a casa de numerosos animais e plantas, uma porção da Terra à qual também nós pertencemos? A Terra é o "nosso" ambiente, a nossa "casa" planetária, ou não somos mais do que hóspedes que chegaram por último a essa realidade que nos tolera com tanta paciência e generosidade? Tais perguntas são respondidas com clareza na *Laudato si'*,* no capítulo quarto, "Uma ecologia integral":

> Quando falamos de "meio ambiente", estamos nos referindo também a uma relação particular: aquela entre a natureza e a sociedade que a habita. Isso nos impede de considerar a natureza como qualquer coisa separada de nós ou como uma mera moldura para as nossas vidas. Estamos incluídos nela, somos parte dela e nos intercambiamos...

---

[7] AUTIERO, A. Esiste un'etica ambientale? *In:* Mascia, M.; Pegoraro, R. (org.). Da Basilea a Graz. *Il movimento ecumenico e la salvaguardia del creato*. Padova: Gregoriana Libreria Editrice, 1998, p. 3-30.

* *Laudato si'*, título da encíclica do Papa Francisco lançada em 2015, pode ser traduzido como "Louvado sejas" do latim. (N. E.)

Não são duas crises separadas, uma ambiental e outra social, mas uma só e complexa crise socioambiental.[8]

Se o homem é constitutivamente "ser no mundo", isso se deve ao fato de seu desenvolvimento depender também do relacionamento que estabelece com a natureza, da qual herda uma ordem intrínseca, fundada sobre a estrutura própria das diversas categorias de seres que a compõem e sobre a mútua conexão existente entre elas. O convite que se deriva é voltar à harmonia com a Terra, tendo em conta o contexto pós-industrial em que nos encontramos, agora com uma enorme tração digital, sem incorrer em uma "nostalgia bucólica" indevida, mas também sem se tornar indulgente com desastres ambientais irresponsáveis.

A dimensão global da ecologia integral pede uma abordagem nova desses problemas e uma nova forma de pensar: um novo epítome, um tipo de saber rigoroso e compreensivo.

Os diálogos que se seguem entre o Papa Francisco e Carlo Petrini mostram o imprescindível "parâmetro interior"[9] dessa necessária forma de pensamento, um tipo

---

[8] FRANCISCO. *Carta encíclica Laudato si'*, Roma, 24 maio 2015, p. 139.

[9] "Se o desenvolvimento tem uma dimensão econômica necessária, já que deve proporcionar ao maior número possível de habitantes do mundo a disponibilidade de bens essenciais para 'ser', ele, no entanto, não pode se esgotar nessa dimensão. Limitado a isso, volta-se contra aqueles a quem pretendia favorecer. As características de um desenvolvimento pleno 'mais humano', que – sem negar as necessidades econômicas – seja capaz de acompanhar a autêntica vocação do homem e da mulher, foram descritas por Paulo VI (...). Um desenvolvimento que não é apenas econômico é medido e orientado segundo essa realidade e a vocação do homem como um todo, isto é, segundo o seu parâmetro interior." Ver PAOLO,

de última instância capaz de garantir a humanização dos processos históricos em curso. É necessário, portanto, elaborar uma forma de saber (queremos chamá-la de sabedoria?) que se torne sempre mais patrimônio da sociedade e nos faça sonhar[10] um mundo diferente deste que até agora o construímos.

Somente assim o processo de globalização, mais do que imediatamente fatalista, poderá ser governado sob o signo da ética, isto é, da sabedoria.

A dimensão ética, por outro lado, não pode estar baseada simplesmente em boas intenções ou convicções pessoais (ainda que sejam premissas necessárias). Deve, antes, expressar uma visão realista dos eventos históricos, consciente dos riscos contínuos e do imprevisto inerente às relações humanas. Por outro lado, a razão ética poderá exercer um papel mediador e unificador apenas se conseguir definir de modo operacional os valores e as normas sociais, procurando trazer à luz os fatores, as leis, os mecanismos que as ciências podem e devem estudar. A instância ética deve ser capaz de

G. *Sollicitudo Rei Socialis*. Città del Vaticano: Libreria Editrice Vaticana, 1987, p. 28-29.

[10] Dar voz a uma nova imaginação do real é o que propõe a *Exortação apostólica pós-sinodal Querida Amazônia*, que data de 2 de fevereiro de 2020, quando o coronavírus já começava a se espalhar pela Itália. Para os observadores, a escolha do Sínodo para a Amazônia (realizado entre 6 e 27 de outubro de 2019, em Roma) e, em seguida, a exortação para enfocar o bioma amazônico pareciam não ter significado global. Na realidade, por trás disso existe algo mais importante em jogo. A pandemia facilita o entendimento de que "tudo está conectado" e que o ser humano não é um indivíduo isolado, mas uma pessoa em relação com outras. Uma revolução social e cultural que antecede uma "transição ecológica" (Gaël Giraud) poderia reorientar até o próprio serviço eclesiástico na direção de cada ser humano e de todos os humanos.

criar um verdadeiro confronto interdisciplinar de modo que qualquer ramo científico possa oferecer seu ponto de vista, individualizando o seu campo gravitacional na dimensão pessoal e social do indivíduo humano. Por fim, esse debate acirrado deverá ser verificado no sentido de obter uma formação ou um adequado consenso de todos os operadores científicos, com a esperança de ampliar, na própria opinião pública, os ganhos teóricos e práticos. Para tal propósito, a constituição das Comunidades Laudato si' – difundida em diversas regiões da Itália – é um sinal concreto e uma possibilidade real.

Sem buscar a reunião de todas as pessoas de boa vontade e todas as competências será difícil introduzir mudanças decisivas para transformar a experiência humana. Tal perspectiva básica e singularmente pragmática está na origem do encontro entre Papa Francisco e Carlo Petrini.

Ambos estão interessados na Terra e no seu futuro. Assim, esse debate, que combina imediatismo e profundidade, permite que surjam os caminhos rumo a uma ecologia que deixa de ser bandeira para se tornar escolha. Pela vida da Terra.

Primeira parte
TRÊS DIÁLOGOS

Introdução

Carlo Petrini

No dia 13 de setembro de 2013, eu estava em Paris a trabalho quando o celular tocou. Número desconhecido, aparecia no *smartphone*. "Sou o Papa Francisco", atacou meu interlocutor. Entre incrédulo e emocionado, iniciei com ele uma conversa que se fechou com um abraço virtual. Uma semana antes, tinha-lhe escrito uma carta, por ocasião de sua primeira viagem pastoral a Lampedusa em solidariedade aos migrantes da rota mediterrânea. Nunca, porém, tinha imaginado ouvir sua voz do outro lado da linha. Falamos de terra, de ecologia, de comida e de religião. Falamos das nossas avós e da sabedoria camponesa piemontesa. Rimos e prometemos nos encontrar logo.

Àquele primeiro telefonema se seguiram trocas epistolares diversas até quando, junto do meu amigo o monsenhor Domenico Pompili, bispo de Rieti, lançamos a ideia das Comunidades Laudato si'. Grupos espontâneos e heterogêneos de pessoas dos mais variados estratos, unidas pela vontade de colocar em pé o conceito de "ecologia integral", tema basilar da encíclica *Laudato si'*, do Papa Bergoglio. A ocasião era propícia e os tempos estavam maduros; fomos apresentar o projeto em pessoa para o Santo Padre.

A sintonia foi imediata. Somos duas pessoas com histórias e vivências extremamente diversas e, ainda assim, reconhecemo-nos rapidamente. Um agnóstico e um Papa, um ex-comunista e um católico, um italiano e um argentino, um gastrônomo e um teólogo. Daquele primeiro encontro nasceu a ideia de um diálogo que pudesse se tornar um livro. As páginas que se seguem são fruto dessa troca, em três encontros diferentes no intervalo de três anos. Escolhemos não atualizar os diálogos e deixá-los tal como foram, porque assim se mantém o contexto histórico. Três bate-papos para tentar responder a algumas das grandes questões do nosso tempo com leveza, mas sem descuido; com seriedade, mas sem gravidade. Acompanhando os diálogos, vocês encontrarão, em vez de um aprofundamento em temáticas individuais, o fruto de reflexões individuais, mas coerentes e paralelas.* Boa leitura.

---

* A edição original do livro, publicada na Itália em 2020, informa que em Amatrice, cidade diversas vezes devastada por terremotos, as Comunidades Laudato si' propuseram a criação de um centro de estudo internacional dedicado à ecologia integral, denominado Casa Futuro – Centro Studi Laudato si'. A renda obtida pela edição italiana seria revertida para o projeto, que previa a recuperação de um edifício danificado pelo terremoto para a realização de atividades com jovens e idosos do local. (N. E.)

Diálogo de 30 de maio de 2018

CARLO PETRINI Isto é para o senhor:* um livro que escrevi com José "Pepe" Mujica e Luis Sepúlveda. Chama-se Vivere per qualcosa.**

PAPA FRANCISCO Lerei com prazer.

C Somos três pessoas um tanto peculiares, cada um com as suas particularidades, mas logo entramos em acordo. Temos muita estima um pelo outro. Eu tenho uma admiração enorme por Pepe e Luis porque são pessoas extraordinárias, que dedicaram a vida ao ativismo e à luta por um mundo melhor. Combateram sem nunca se curvarem aos acontecimentos, mantendo sempre a espinha ereta.

F Pepe é corajoso, é bom, é um que passou pela função pública sem se sujar. Continuava como um camponês!

---

* No original, Questo è per Lei. Esse tratamento, formal, pode ser traduzido como "Senhor". Carlo Petrini define-se como agnóstico, donde se infere a utilização do pronome Lei em vez de Tua Santità ("Vossa Santidade"). (N. E.)

** "Viva para algo" (N. E.)

C *É um fenômeno. E Luis Sepúlveda, também ele, é uma grande pessoa. Nos perguntaram para que vale a pena viver, e nós tentamos responder a essa pergunta. Concordamos que vale a pena viver pelo compromisso com uma causa justa. Por mais cansativo que seja, essa é a fonte real da felicidade.*

F Bem, eu lhe agradeço. Continuamos com os presentes, agora o que trouxe eu: este livro é uma entrevista que fiz com Dominique Wolton, em francês. Esta é a tradução italiana.

C *Obrigado, belíssima a edição italiana! Eu li a versão em francês e fiquei impressionado com o conteúdo, realmente muito bonito.*

F Eu não li a versão italiana. Li a francesa antes de ser impressa.

C *Eu li todo o livro em francês e encontrei coisas belíssimas. Fiquei particularmente impressionado quando o senhor falou sobre o humor.*

F O humor é importante!

C *O senhor fala com frequência da importância de não nos levarmos muito a sério e de saber rir de nós mesmos, das nossas fragilidades. Há uma passagem, nesse livro com Wolton, em que o senhor diz que o sentido do humor é aquele que, no plano humano, mais se avizinha...*

F Da graça. Para mim, está no limite com a graça de Deus. Para mim, é o estado mais elevado da pessoa, no limiar de Deus. Apenas uma pessoa com um certo nível pode ter senso de humor. Essa é uma pequena recordação do meu quinto ano de pontificado, esperando que não seja o último.

C *E então temos a citação da poesia de Thomas Morus, em que ele roga a Deus para ajudá-lo a não se levar muito a sério e saber sempre rir de si mesmo; eu a achei extremamente moderna e profunda, tanto que, agnóstico, peguei-a pra mim.*

***

C *Então, Francisco: a ideia desta entrevista nasceu do encontro que tivemos uns meses atrás, e lhe agradeço a preciosa disponibilidade hoje. Se desse papo surgisse um livrinho, unindo-o com alguns dos seus discursos mais significativos dos últimos anos, poderia ser um bom modo de celebrar a sua encíclica* Laudato si' *e dar força às comunidades que, em nome dos princípios que o senhor propõe, estão nascendo e crescendo na Itália e no mundo. As Comunidades Laudato si' são grupos espontâneos que se reconhecem na ecologia integral e em um empenho concreto no cuidado com a nossa casa comum. É um modo de pedir a todos que se sintam envolvidos na tutela do patrimônio comum e na luta contra as injustiças sociais. Eu gostaria que essa entrevista pudesse ser um instrumento também para eles, porque penso que nunca, como hoje, tenha havido tamanha necessidade de reconstruir espaços de participação ativa e união. Devemos voltar a nos encontrar, a trabalhar juntos para buscar mudar o nosso pequeno espaço, a fim de que seja gerada a mudança global de que precisamos.*

F Sim, sim, absolutamente.

C *Partirei, então, da própria encíclica* Laudato si'*. Um documento que mudou o cenário do discurso ecológico e social e trouxe o pensamento da Igreja Católica para terrenos até hoje não explorados completamente, pelo menos em um nível superior. Três anos depois da publicação desse texto, quais são suas impressões sobre o impacto que teve em todos os âmbitos, até entre os não fiéis? Talvez o escopo total do conteúdo não tenha sido entendido por todos até hoje, mas não há dúvida de que, em uma perspectiva intelectual e moral, é um caminho sem volta. É um documento de uma potência extraordinária, que pode de verdade constituir o ponto de partida para inspirar consciências e ações.*

F Falando da gênese desse texto e de seu impacto, penso que foi decisivo e que é útil explicar algo que aconteceu depois. A primeira coisa que devo dizer é que a encíclica não foi escrita totalmente por mim. Chamei cientistas e estudiosos que trabalharam longamente sobre os problemas e me ajudaram muito a deixar tudo claro. Junto deles estávamos teólogos e alguns filósofos, também eles de inestimável valor. Com todo esse material, eu trabalhei na composição final do texto e na sua organização. Mas a *Laudato si'* é fruto do trabalho de muitas pessoas.

Algum tempo antes de terminar esse percurso, fui a Estrasburgo e ali estava Ségolène Royal, ministra do

Ambiente do governo francês. O presidente Hollande a tinha enviado como sua representante, e a ministra, tanto na chegada como nas despedidas, manifestou muito interesse nesse escrito, que se sabia que estava em elaboração, mas do qual não havia antecipações, salvo algumas referências aos temas da casa comum e da justiça social.

"Mas até Vossa Santidade está escrevendo sobre esses temas?", me perguntou e acrescentou: "Isso é importantíssimo, será um texto de grande impacto, o aguardamos muito". Foi ali que pela primeira vez percebi a centralidade desse texto e a sua importância pelos temas que ele tocava. Até então, eu não sabia que tinha feito tanta agitação, mas ali me dei conta de que a expectativa crescia e que se esperava uma voz forte nessa direção. Então foi tudo bem: depois da sua publicação, vi que a maior parte da gente, daqueles que têm o bem da humanidade no coração, leu o livro e gostou, usa, comenta e cita. Penso que foi quase universalmente aceito.

C *Então o senhor afirma que, mesmo em nível pessoal, essa atenção aos temas do meio ambiente foi amadurecendo com o tempo. Eu lembro que em 1º de outubro de 2013 o senhor me escreveu uma carta depois de um telefonema que tivemos na semana anterior. Escreveu-me que Terra Madre, a nossa rede de camponeses, pescadores, artesãos, cozinheiros, pesquisadores, indígenas e pastores, que reúne 6 mil comunidades em 170 países, estava muito alinhada com o tema do cultivo e da custódia da criação.*

E quando então, quase dois anos depois, saiu a encíclica, pensei que talvez naquele 2013 já existisse no senhor a ideia de interpretar Francisco dessa maneira, estava convencido disso.

F Na realidade, em 2013 ainda não. Ou melhor, foi um longo percurso que certamente em 2013 já tinha sido iniciado.

Em 2007 fui como bispo de Buenos Aires à V Conferência do Episcopado Latino-americano e do Caribe, em Aparecida, no Brasil, e me lembro da força com que os bispos brasileiros falavam dos grandes problemas da Amazônia. A cada passo eles traziam o assunto, gastando rios de palavras sobre as implicações ambientais e sociais das questões em jogo. Lembro-me bem de ter ficado cansado dessa atitude e de até ter comentado: "Esses brasileiros vão nos enlouquecer com seus discursos!". Naquela época eu não entendia por que a nossa congregação de bispos deveria se dedicar ao tema da Amazônia; para mim, a saúde dos pulmões verdes do mundo não era uma grande preocupação. No mínimo, eu não entendia o que isso tinha a ver com o meu papel de bispo. Com o passar das horas, porém, continuavam a chegar à equipe de redação do documento solicitações nessa frente também dos colombianos e dos equatorianos. Eu insistia que deveríamos deixar isso de lado, dizia a mim mesmo; não entendia tanta urgência e insistência. Daquele 2007 se passou muito tempo, e eu mudei completamente a minha percepção do problema ambiental. Se lá eu não entendia, sete anos depois estava escrevendo a encíclica.

C *Essa é uma história belíssima. E o senhor pensa que seja também por isso que uma parte da Igreja tenha sido lenta a assimilar os conteúdos da* Laudato si'*? Ou é apenas uma impressão minha?*

F Estou de acordo, é verdade. Como disse, no início eu mesmo não entendia esses temas. Depois, quando me dediquei ao estudo, ganhei consciência, ergui o véu. Acho justo dar a todos o tempo de entender. Ao mesmo tempo, porém, há a necessidade de nos apressarmos a mudar nossos paradigmas, se quisermos ter um futuro.

C *Agora gostaria de lhe perguntar outra coisa. O senhor sabe que eu sou agnóstico…*

F Agnóstico pio. O senhor tem piedade pela natureza, e essa é uma atitude nobre.

C *(ri) "Agnóstico pio" é uma bela definição, que estava me faltando. Lendo o que o senhor escreveu nos seus anos de pontificado e ouvindo suas falas, vi o quanto destacou o pedido de que os agnósticos – e, de modo geral, dos que não creem – tenham respeito pelo transcendente. Eu o entendi e estou de acordo. Tenho, todavia, a impressão de que esses dois mundos, o dos que creem e o laico, continuam a marchar em paralelo e têm dificuldade em se mesclar e dialogar com seriedade. Não existe o hábito de discussão e de ação comum entre crentes e não crentes, também neste momento em que temos grandes desafios sociais e ambientais que requerem um empenho e um esforço compartilhado de todos os homens de boa vontade. Não se consegue realizar uma união de intenções. Talvez* *seja também um problema de linguagem e palavras. Dou um exemplo que me parece particularmente significativo da dificuldade de interação: o Ano da Misericórdia, proclamado pelo senhor em 2016. Esse evento foi vivenciado de maneira muito marginal no mundo dos não crentes, não obstante o tema seja crucial e todos sejamos chamados a praticá-la. Contudo, a palavra misericórdia foi deixada completamente na mão do mundo católico, e nós não crentes não conseguimos entender a potencialidade cultural e política dessa mensagem. Nós a olhamos como algo que não nos diz respeito.*

F Essa foi uma grande intuição de Bento XVI. No último encontro inter-religioso que ocorreu em Assis, convidou também os agnósticos, "porque eles têm algo a nos dar. Os agnósticos devem falar a todos os crentes, de qualquer religião". Foi uma ação de Bento que abriu uma nova fase: levará tempo para se completar, mas está traçada. Creio que o problema dos dois mundos paralelos seja uma herança que recebemos do iluminismo e que ainda levamos conosco, quase três séculos depois. Além disso, é bom primeiro distinguir os conceitos de laicidade e de laicismo: a laicidade é uma abordagem saudável; o laicismo, por outro lado, é uma atitude fechada, infantil. Nós somos filhos daquela visão do iluminismo que sancionou a separação completa: a fé está ali, abstrata, nós somos laicos e não temos nada a ver com isso. Mas não é assim: a verdadeira laicidade tem uma abertura para o transcendente, não poderia ser de outra maneira. Se não fosse assim, seria tirada da pessoa a possibilidade de transcender a si mesma, de se abrir ao mundo e ao outro, de se projetar naquilo que está além de si. Todas as obras de solidariedade são aberturas a uma alteridade, ao transcendente, mas nós crescemos na total separação das esferas e, por isso, não conseguimos pensar nelas como comunicantes. Faltam-nos até mesmo as categorias mentais para isso. É um erro fundamental. Também os crentes, aqueles que estão abertos ao transcendente, devem entender o humanismo agnóstico, que é uma realidade. É sobre esse plano de compreensão que se poderá dialogar.

C *Disso estou completamente convencido e o percebi fortemente nesse percurso de três anos. Porque eu voltei a discutir essas coisas graças à* Laudato si'. *Devo dizer honestamente, pois reencontrei um senso ético e moral forte. Ao mesmo tempo, porém, vejo a dificuldade em construir pontes. Por isso, espero que as nossas Comunidades Laudato si' funcionem bem desse ponto de vista.*

F É importante, o diálogo é importantíssimo. A *Laudato si'* é um ponto em comum das duas partes, porque foi escrita para todos.

C *Por exemplo, falando de diálogo, quando li a encíclica, me demorei no aspecto ético da palavra. Pensando mais a fundo, no entanto, compreendi melhor que o diálogo não é uma opção moral: ao contrário, é um método ele mesmo; exatamente como afirmava, já na metade do século passado, Romano Guardini (confesso que nunca li tanta teologia como nesses últimos meses). A figura de Guardini me fascinou porque dizia essas coisas trinta anos antes dos outros. E então entendi que diálogo é método. Para mim, é um método cultural, político, operacional. O senhor, o que acha disso?*

F O diálogo é um método, antes de tudo, humano. Guardini foi capaz de idealizar essa abordagem que olha para as tensões entre dois polos não como algo em que uma anula a outra, mas como algo que é superado em um nível mais alto. Não se trata, com isso, de achatar as diferenças e os conflitos, ao contrário: de exaltá-los e, ao mesmo tempo, superá-los por um bem maior. Guardini foi capaz de fazer isso porque foi nutrido com o diálogo. Ele provinha de uma família italiana que havia se estabelecido na Alemanha quando Romano tinha apenas 1 ano, por isso a cultura da sua família se entrelaçou com a alemã, na qual completou todo seu ciclo de estudos. Não precisava fazer a síntese, mas resolver a oposição em um plano superior, que fosse capaz de manter a tensão de ambas as polaridades e, ao mesmo tempo, resolvê-las. Essa é a sua grandeza. Foi nutrido com o diálogo, o tinha no sangue.

C *Penso que, com razão, o senhor não se interessa pela política italiana: claro, a política italiana é feita de insultos e de ataques sempre mais violentos, muitas vezes direcionados às pessoas, não às ideias. Porém, quando no Parlamento não existem os números necessários para governar, os partidos precisam sentar-se à mesa para resolver as situações. O fato é que, se sempre lhe foram ditas coisas horríveis, fica difícil dialogar. Assistimos a* *campanhas eleitorais permanentes e pactos de governo que duram uma estação!*

F É verdade, mas os insultos na política são como os minuetos. Vão ao som da música e, então, dançam o minueto juntos. Em política é assim que funciona. Ou, se preferir, é esse o "molho do macarrão"!

C *(ri) Fico com o molho do macarrão! Depois de escrever o* Guida alla lettura dell'Enciclica *("Guia para a leitura da encíclica") para a Edizioni San Paolo, tive a oportunidade de participar de diálogos e debates com muitos católicos, inclusive padres e bispos. Quando me foi pedido para dar a minha leitura da* Laudato si'*, os quatro pontos em que focalizei minha atenção foram: o conceito de ecologia integral, o diálogo como método, a biodiversidade como valor e, por fim – talvez o que tenha me fascinado mais –, o valor que boas práticas individuais têm em gerar mudanças virtuosas. Eu gostaria de saber se essa interpretação "laica" faz sentido.*

F Para responder, começo do quarto ponto, sem seguir a ordem: por que isso nos surpreende tanto? Porque toca em um valor que caiu em desuso e, talvez, por vezes tenha sido um pouco desprezado. Esse valor é a honestidade. A honestidade não é apenas um valor moral; ao contrário, é um valor humano. Faz com que a pessoa se comporte honestamente, isto é, faça as coisas em uma atmosfera de harmonia. Aí está, a honestidade é a criadora de harmonia, sempre. Porque a dimensão honesta, expressa por uma pessoa, por uma comunidade ou por uma família, sempre gera simpatia e confiança. E ali se constrói e se experimenta o diálogo, de modo rápido. Quantas vezes pensamos: "Essa pessoa, não penso como ela, mas é honesta". Quando falta honestidade, não existe diálogo que valha, não é possível.

Uma vez, para descrever a falta de honestidade, me contaram essa historinha. Na realidade, me contaram como uma definição malvada sobre os italianos, mas, como tenho sangue italiano, posso usar de "autoironia". Havia nove empreendedores de grandes empresas que estavam em concorrência entre si. Convocaram uma reunião para entrarem em acordo. Depois de muitas horas de reunião, chegaram a uma síntese final e desenharam o texto final do acordo. Todos o leram e concordaram e, enquanto as cópias para as empresas eram impressas, brindaram juntos, como bons amigos, em serenidade. Quando finalmente as cópias impressas chegaram e começaram a circular pela mesa, eu e você, os italianos, já estávamos firmando sob a mesa um outro acordo entre a gente. Essa é uma história contra os italianos, mas a deixemos um minuto de lado. Essa é a desonestidade. E o desonesto não agrega, não une porque não oferece confiança, e por isso não pode obtê-la em troca. A honestidade é a base da confiança. Na base da honestidade, eu, como pessoa, devo agir para contribuir para a harmonia do mundo, por mim e pelos outros. Porque não posso ser honesto com as pessoas se não sou também com a natureza, com o meio ambiente, com a vida que me circunda. Esse é o quarto ponto.

C *Quando falo desse aspecto da encíclica com as pessoas, vejo que é importantíssimo tomar consciência de que se pode ser sujeito ativo para a mudança. Também no caso de pessoas simples, humildes. Há uma passagem em que o senhor sublinha a importância de coisas mínimas, como apagar a luz, economizar água, consumir o justo e nada mais. Essas boas práticas individuais são consideradas obsoletas, marginais, folclóricas nas "altas esferas políticas". E, ao contrário, essa é a base da mudança, é o adubo sobre o qual podem crescer frutos melhores para todos. Nós, como movimento, fizemos disso uma bandeira. Desde o início estamos convencidos de que por meio da comida (Slow Food se ocupa disso) seria possível mudar profundamente o sistema econômico e social em que vivemos, seria possível mudar o mundo. E pensávamos e pensamos partindo das pequenas coisas. Todas as pessoas, todos os dias, fazem escolhas individuais que têm impacto global. Nunca são neutras. Escolher a própria comida faz parte dessas escolhas; é um mecanismo potente de mudança: significa premiar um modelo produtivo e econômico em vez de outro.*

F As pequenas coisas são aquelas que indicam uma raiz. O vício do pároco é apagar a luz, sempre. Os párocos têm essa mania. E por quê? Porque os párocos devem tomar conta das ofertas para poder depois utilizá-las na beneficência. Isso significa entrarem em harmonia, envolverem-se pessoalmente, tornarem-se sujeitos ativos.

Passo a um outro ponto que o senhor destaca: a ecologia integral. Inicio dizendo que, diferentemente do que muitos pensam e escrevem, *Laudato si'* não é uma encíclica verde, não é um texto ambientalista. É, principalmente, uma encíclica social. Se se fala de ecologia, de fato, devemos partir do pressuposto de que nós somos os primeiros a fazer parte da ecologia. Parece óbvio, mas não é assim. O senhor sabe qual é a principal despesa das famílias, em nível mundial, depois de comida e de roupa?

C *As roupas... a casa?*

F Não. A terceira é a maquiagem, como se chama...? Os cosméticos! Incluindo nessa categoria também a cirurgia estética, essa é a terceira fonte de despesa no mundo. E a quarta? Os pets, os animais domésticos! Essa pesquisa é de uns anos atrás, mas não deve ter mudado tanto. Curioso, não? Não aparece educação, por exemplo. Então, nesse contexto, é difícil falar de uma nova abordagem ecológica e de uma nova harmonia com o ambiente. Diante de um mundo que gasta tanto nessas coisas, não é fácil! Existe uma frivolidade elementar que caracteriza nossa época e nos leva a apreciar uma beleza postiça, efêmera e superficial...

C *O consumo; consumir, consumir.*

F Os bens de consumo. Que são previsíveis, controláveis, que nos remetem à posse. Queremos o afeto quando o exigimos, como com os animais domésticos. Queremos saber prever as respostas. Falar de ecologia integral significa mudar essa visão de que os seres humanos e o meio ambiente são separáveis. É um verdadeiro protesto contra esse mundo. Eu lembro o escândalo que Magnani* causou com o episódio das rugas. Quando perguntaram se ela queria eliminar as próprias rugas com cirurgia estética, ela respondeu: "Absolutamente não, estive minha vida inteira procurando por elas". É um exemplo de uma pessoa que entende intimamente a ligação com a natureza, que compreendeu a beleza da natureza. A natureza que é integral e da qual nós somos parte integrante, inseparável.

C *E, ao mesmo tempo, o elemento distintivo é que fazer mal à Terra é fazer mal a nós mesmos. Tantas vezes se ouve dizer que devemos respeitar a natureza para "salvar o planeta". O que essa comunicação esquece, às vezes até por má-fé, é que o planeta continuará, com ou sem a gente. Mudará, desenvolverá novas formas de adaptação ou de vida. Nós, por outro lado, como espécie* Homo sapiens, *corremos o risco de desaparecer. Precisaríamos falar disso, e assim talvez as atitudes pessoais e coletivas mudassem de verdade. Por outro lado, já vemos a cada dia, e os exemplos são muitos: os desequilíbrios ecológicos são a chave para entender as grandes migrações a que estamos assistindo. Porque essas migrações são também produto das mudanças climáticas, da desertificação, além do colonialismo. Mas ainda a nossa Europa não consegue entendê-la e constrói muros, alimenta o medo e a desconfiança, sopra o fogo da guerra entre os pobres.*

---

* Anna Magnani, atriz italiana falecida em 1973. (N. E.)

F Preocupa-me como esse populismo que está na moda entrou na Europa. Lembra-me algumas das terríveis degenerações que já vivemos no passado, como o messianismo de 1932-33 na Alemanha. Naquele caso não foi necessário dar um golpe de Estado violento; bastou o voto da gente que se deixou enganar por discursos populistas condenados por qualquer bom senso. O populismo é como uma moeda falsa.

C *Eles falam com as entranhas das pessoas e fazem surgir os instintos mais baixos. É difícil operar em uma situação do tipo. Nesse sentido, a educação pode ter um papel central para conter esse caminho, e todavia não se investe nela o suficiente. Até hoje, na Itália, se olha quase com suspeita para aqueles que estudam, os considerados "intelectuais", como se o conhecimento fosse algo a ser temido, a ser olhado com desconfiança. Alimenta-se uma falsa separação entre os intelectuais e o povo, como se fossem categorias separadas e em luta entre si.*

F A ecologia integral, então, tem um outro ponto crucial que o senhor ressaltava e sobre o qual estou plenamente de acordo, que é a biodiversidade, a riqueza do mundo. A biodiversidade gera o equilíbrio ambiental, é o patrimônio que nos permite viver sobre este planeta. Quando, um ano atrás, vi a fotografia daquele barco chinês que atravessava o Polo Norte porque não havia mais gelo para impedi-lo, percebi o drama que está se consumando em nível ambiental. Ou a famosa foto de um urso polar isolado sobre um bloco de gelo sempre menor. Essas coisas às vezes nos escapam, né? E, ainda que não aconteçam longe de nós, se quiser podemos ficar uma semana aqui dando exemplos. A biodiversidade é uma riqueza inestimável, mas nós, com nosso modelo produtivo e econômico, a destruímos como se não nos interessasse, como se fosse uma coisa alheia a nós. Basta pensar que a cada ano se antecipa mais e mais a data em que exaurimos os recursos de um ano. Em 2020, a data será pela primeira vez no mês de julho, me parece, e continua a se adiantar.* Sem falar do plástico nos mares, um outro exemplo, um drama que destrói a biodiversidade marinha.

C *Eu gostaria que as Comunidades* Laudato si' *lançassem uma mensagem global justamente falando do plástico. Imagino a assinatura de um compromisso individual, uma declaração pessoal: "Eu me comprometo pessoalmente a utilizar menos plástico, especialmente no formato não retornável, e a reciclar aquele que eu não posso deixar de consumir". Porque não faz sentido pensar em um mundo sem plástico, e todavia o dado é que produzimos, todo ano, 300 milhões de toneladas de plástico e só 9% disso é reciclado. O plástico é um material que tem mais ou menos a minha idade, tanto que, quando eu era pequeno, eu tomava banho na banheirinha de ferro. Quando chegou, foi uma bênção, pois*

---

* O chamado Dia da Sobrecarga da Terra (em que o déficit ecológico supera a capacidade do planeta de providenciar recursos para fazer frente ao consumo da humanidade) ocorreu em julho já em 2019 (no dia 29 daquele mês), segundo a organização internacional Global Footprint Network. Em 2020, recuou para 22 de agosto, em razão da pandemia, e em 2021 chegou novamente em 29 de julho. (N. E.)

ainda era usado para bens de consumo duráveis. Hoje, ao contrário, mais da metade do plástico produzido se usa e se joga fora. Vamos pensar nos canudos: só na Itália são milhões, duram dez séculos e terminam no lixo comum, não reciclável, porque não são considerados embalagens. O drama é esse: o plástico entrou na cadeia alimentar também por meio dos cosméticos, que contêm microplásticos que acabam por ser ingeridos pelos peixes e, consequentemente, por nós. É um desastre de proporções enormes. E está íntima e obviamente ligado àquele da biodiversidade. Pense que, segundo a FAO, nos últimos 125 anos assistimos à perda de 70% da biodiversidade presente no planeta. É um dado chocante o ritmo desse processo, que não parece diminuir de velocidade, na indiferença mais absoluta. Agora entendo o seu discurso sobre a honestidade para dizer que, se cada um de nós subscrever essa declaração e se empenhar pessoalmente em agir para a mudança, talvez não esteja tudo perdido.

F Concordo. Vamos falar o certo: é o combate ao egoísmo, ao pensamento segundo o qual eu desfruto da Mãe Terra porque ela é grande e deve me dar aquilo que eu quero, ponto. É um pensamento de tudo doentio, que não poderá nos trazer outra coisa a não ser o colapso.

C *O que o senhor pensa se fizermos essa declaração de intenções, essa declaração de compromisso individual?*

F É bom, mas tudo depende da música, não? O senhor pode fazer o livreto da declaração e todos o aceitaremos, mas fica na palavra. Isso deve, por outro lado, entrar em um tom que envolva, que dê um senso de comunidade, de grupo. Não basta oferecer uma declaração que todos assinem, pois é arriscado que se transforme em um modo de deixar a consciência tranquila sem que haja uma mudança real.

C   *Certo! Aqui entra novamente o raciocínio da alegria. Com nó na garganta, com o coração pesado, não se convence ninguém. Devemos reencontrar o prazer no comprometimento e na participação. Porque, como falava antes para o senhor, é por meio do compromisso altruísta que se realiza também a felicidade individual. E disso estou fortemente convencido.*

F   Absolutamente!

C   *Gostaria ainda de tratar brevemente de duas questões: a comunidade como instrumento de reconstrução da sociabilidade e de mudança e, então, um tema que mora no meu coração, os povos indígenas. Quando li o discurso que o senhor fez em Puerto Maldonado, por ocasião de sua mais recente viagem ao Peru, fiquei maravilhado. Foi a primeira vez que ouvi a Igreja reconhecer de maneira tão clara a espiritualidade e a cultura dos povos indígenas. Nunca tinha sentido o respeito antes das palavras que o senhor pronunciou. E então a pergunta também é clara: de que maneira o senhor pensa que a Igreja possa dialogar com a espiritualidade indígena, que tem um enraizamento antiquíssimo e muito profundo, sem passar por aquele modelo impositivo que já teve seu tempo?*

F Eu falei sobre isso em Puerto Maldonado mesmo: a Igreja dialoga com os indígenas antes de tudo respeitando os direitos e, ao mesmo tempo, respeitando as culturas. Na verdade, mais do que isso. Nós chamamos esse processo de "inculturação", mas não é uma atitude de colonialismo cultural. Não podemos pregar a todos da mesma maneira. Isso destruiria a biodiversidade humana, que é, antes de qualquer coisa, cultural. Não! Cada um prega segundo a própria cultura! E celebra os sacramentos segundo a própria cultura: na Igreja existem mais de 25 ritos litúrgicos diferentes, que nasceram em diferentes culturas. Na minha viagem ao Peru, usei um termo que muitas vezes foi criticado: afirmei que nós temos necessidade de uma Igreja amazônica. Essa posição desagradou a alguns, porém conversando com eles as tensões foram aplainadas. E em outubro, durante o Sínodo para a Amazônia, se voltará fortemente a esse argumento, que parte da Amazônia, mas que vale também fora de lá.

Quando os jesuítas chegaram à China, Matteo Ricci e seus companheiros entraram a fundo na cultura local, aprenderam a língua, estudaram os usos e costumes do país que os hospedava. Eles se vestiam como chineses, falavam e comiam como eles. Eram pessoas que entenderam a cultura chinesa e, só depois desse percurso, consideraram afirmar: "o Evangelho pode viver aqui também", aceitando de fato também alguns rituais chineses. Aqui em Roma, os teólogos que não entendiam o mundo ficaram escandalizados: "Mas a cerimônia dos mortos chineses é uma religião de idolatria!". Na verdade, não era. Simplesmente se tratava daquilo que fazemos também nós: recordar os finados. Não tem diferença substancial entre o 2 de Novembro nosso e aquilo que os chineses faziam no tempo de Ricci, mas então a Igreja não entendia, fechando as portas ao Evangelho na China. O mesmo ocorreu com Roberto de Nobili, na Índia. Curioso o fato de que os dois, Ricci e De Nobili, eram italianos. Isso faz pensar: o que têm os italianos para possuir essa capacidade de universalizar?

C *Sim, mas aqueles que lhes cortaram as asas também eram italianos!*

F É, mas para equilibrar... (os dois riem).

C *Com respeito a esse tema, eu vivi uma experiência extraordinária faz doze anos. Acabei no estado de Roraima, no Brasil, onde alguns missionários da Consolata construíram um hospital para a comunidade indígena local, composta pelos ianomâmis. Em Bra, onde eu moro, estavam recolhendo fundos para esses missionários da Consolata em nome da Madonna dei Fiori, que é muito venerada por nós. Em virtude desse contato, como Slow Food, nos comprometemos a sustentar esse projeto em tudo o que dizia respeito à comida. A primeira luta que tivemos foi impedir que fosse servida massa, um alimento que não tinha nenhuma ligação com a cultura local (muitas vezes os indígenas nem sequer conheciam o trigo) nem com o ambiente, a floresta amazônica. Mas a parte mais "divertida" se deu quando eu perguntei aos missionários como o hospital, na minha cabeça dedicado à Madonna dei Fiori, se chamava Yecura Yano, e o que isso queria dizer. Significava "o espírito que cura". E a Madonna? Resposta: "É, não poderíamos nos meter a explicar a Madonna dei Fiori aos indígenas. Nós aqui fazemos testemunho e não proselitismo; o que conta é garantir cuidados essenciais a todos". Para mim foi uma lição incrível. Pela primeira vez, vi um modo diferente de comunicar o Evangelho, de vivê-lo sem o impor. Um tempo depois, esse mesmo missionário voltou a Bra para uma breve visita aos parentes, e obviamente a administração local perguntou onde eles colocaram a estátua da Madonna que lhes tinha sido enviada de Bra. Eu sabia que estava guardada em um armazém, mas ele brilhantemente respondeu: "Não se preocupem, a Madonna eu vejo todos os dias" (riram). Ali entendi o que era a verdadeira integração. E eles diziam: "Se alguém vê nosso comportamento e decide se aproximar, nós explicamos as coisas para ele. Mas não fazemos proselitismo".*

F É verdade, é verdade. Isso o então Papa Bento XVI disse explicitamente em 2007, em Aparecida, no Brasil. Na ocasião, afirmou que a Igreja não cresce por proselitismo, mas por atração, isto é, por testemunho. Assim foi feita uma condenação papal ao proselitismo.

C *Sim, mas isso é uma mudança de época!*

F Por isso me irrito quando dizem que Bento é conservador. Bento foi um revolucionário! Em tantas coisas que fez, em tantas coisas que disse, foi um revolucionário. Depois envelheceu e não pôde continuar, mas foi um revolucionário a respeito disso.

C   Por isso esse sínodo latino-americano. O senhor o imagina "intercultural"...

F   Certamente. Quando eu fui à Amazônia, alguns se escandalizaram. "Mas como o Papa prega para essas pessoas que vivem seminuas?". Não entenderam que esses indígenas são cultíssimos. Tive o privilégio de um almoço em que estava presente uma dúzia de pessoas de diferentes etnias nativas, e foi uma experiência extraordinária. Entre eles existiam docentes universitários, dois diretores de escola. Gente culta, mas ligada à tradição, àquela que eles chamam de bom viver, que não é a boa vida nossa: trata-se do "viver bem", o viver em harmonia consigo mesmo, com a própria comunidade e com a natureza. A nossa boa vida é *la dolce vita*, não? É outra coisa.

C   *Por isso temos tanto a aprender com essas culturas e com essas espiritualidades.*

F   Certamente; devemos ajudar a conservar essas diferenças.

C   *Um último ponto sobre o qual eu gostaria de ouvir a sua opinião é aquele que diz respeito à comunidade: Poucos meses atrás, em Santiago, no Chile, encontrei Fritjof Capra, um físico e filósofo austro-americano com um pensamento verdadeiramente brilhante. Ele me disse: "Carlin, vendo como vai a política em nível global, eu penso que o futuro será das comunidades. As comunidades poderão se tornar sujeitos importantíssimos porque estão em condição de aceitar grandes e importantes desafios em virtude da nossa segurança afetiva". Em uma comunidade é possível tomar decisões corajosas e enfrentar desafios complicados, porque cada um pode contar com a consciência de que a segurança afetiva dará o apoio da comunidade também nos erros. E, se pensarmos bem, nos momentos mais difíceis da história da humanidade foram as comunidades que começaram as maiores e mais positivas regenerações. Basta olhar para as comunidades beneditinas que, na Idade Média tardia, regeneraram a agricultura e, com isso, toda a Europa. Gostaria de saber o que o senhor pensa. Até porque, quando escolhemos o nome, podíamos chamar de Comitês Laudato si', mas por fim dissemos: "Não, não, nós nos chamamos Comunidades Laudato si'".*

F A propósito disso, sabe qual a verdadeira diferença entre um comitê e uma comunidade? O grau de pertencimento. No comitê temos uma pertença organizativa, um pertencimento funcional, ou superficial, ou então limitado a um escopo. Na comunidade se fala de pertencimento total. "Eu pertenço àquela comunidade", estou livre, mas faço parte intrinsecamente. E, quando estou fora, sou também identificado com a minha comunidade. O pertencimento está muito ligado à identidade, a tal ponto que a definição que mais me agrada, ainda que não se saiba de quem seja, é a de que "identidade é ter pertencimento". A identidade sozinha, destilada, não existe. Deve ser inserida em uma sociedade e em uma comunidade. E, assim, o pertencimento.

C *Nós estamos experimentando agora essa nova identidade. A mistura entre crentes e não crentes está gerando um sujeito novo. Nós andávamos por aí parecendo o diabo e a água benta. Mas as pessoas se apaixonam porque veem que no fundo é o bem comum aquilo que nos une a todos. Obrigado, Vossa Santidade; como se sentiu?*

F Bem; me senti em casa.

Diálogo de 2 de julho de 2019

CARLO PETRINI *O senhor convocou para outubro próximo o Sínodo para a Amazônia, uma grande reunião de todos os bispos dos nove países que são tocados pelo pulmão verde do planeta. Se não me engano, é a primeira vez que se convoca uma assembleia assim do gênero. O que se espera desse sínodo?*

PAPA FRANCISCO Que tenha um impacto perturbador. Porque a Igreja é assim: a Igreja foi adiante graças aos pulos, aos saltos de avanço. Em certos momentos históricos foram propostos saltos corajosos, que embaralharam as cartas e geraram discussões inflamadas, levando, em alguns casos, a reações, e em outros casos, a perseguições, e por fim se dava o passo à frente. É necessário estimular discussões férteis e profícuas; é necessário pôr energia e ideias para circular. Mas essa é apenas uma teoria pessoal minha.

C *Eu estou perfeitamente de acordo; há mesmo uma grande necessidade de um salto intelectual, um esforço produtivo em termos de novos paradigmas, novos modos* *de pensar e de viver. A Amazônia é hoje o símbolo de um momento histórico crítico. Em nome de um sistema econômico voraz, coloca-se em risco uma das maiores âncoras de resgate da humanidade, um berço único de biodiversidade e um baú do tesouro de diversidade humana e ecológica. As escolhas que a humanidade e a política fizerem a respeito da Amazônia vão definir o futuro que se espera e, por fim, a virada que vai dar esse nosso mundo.*

F Nessas semanas alguns jornalistas e articulistas disseram: "O sínodo foi organizado para que o Papa possa consentir o casamento aos padres amazônicos". Mas quando isso? Como se esse fosse o problema principal de que me ocupar. Ao contrário, o Sínodo para a Amazônia será uma ocasião de discussão e de diálogo sobre grandes temas dos nossos dias, questões que não podem ser evitadas e que deveriam estar no centro das atenções. Meio ambiente, biodiversidade, inculturação, relações sociais, migração, equidade e igualdade. A Igreja deve refletir, ter um papel ativo e incômodo, ser protagonista destes tempos complexos.

C *Eu lhe sou muito grato por seu trabalho. Gostaria, de verdade, que o que for produzido do sínodo, seus documentos e determinações, fossem também elementos de reflexão para as Comunidades Laudato si' que lançamos faz um ano. Como o senhor sabe, são comunidades heterogêneas e variadas, mas unidas pela ideia de que, para garantir um futuro digno e promissor a todos os seres humanos, será necessário um ajuste de rota, sobretudo em relação ao tema da custódia da nossa casa comum. Nisso* *a encíclica foi a inspiração principal para o nascimento da comunidade. E é significativo que o sínodo parta das periferias, que parta da Amazônia – tão distante de nós –, para chegar a uma reflexão que chama todos para a causa. Ao fim, é sempre das margens que partem as mudanças e os saltos positivos. Vemos isso também nós, todos os dias, com a rede Terra Madre. Estou convencido de que será verdadeiramente uma bela revolução. O que li nos documentos preparatórios foi belíssimo. Todos os bispos de fronteira vão participar?*

F Sim, todos. Na verdade, quis chamar também os padres e bispos um pouco mais conservadores, porque se não existem opiniões diversas o debate é estéril e arrisca-se a não dar nenhum passo à frente. Onde existe o desencontro (ou melhor, o confronto), se ele ocorre entre pessoas inteligentes e de boa-fé, existe o crescimento, nisso acredito fortemente. Convidei os conservadores a trazerem serenamente as ideias deles, porque são necessários o pensamento e os recursos de todos. Será uma bela discussão, aberta e franca.

C *Falando do meu ponto de vista, de fora, tenho de dizer que vejo pouco a pouco a mudança começar. Também no interior da Igreja a sensibilidade cresce em todos os lugares. Vejo sempre, e com mais frequência, eventos dedicados à* Laudato si', *vejo mobilizações de católicos que fazem do belíssimo conceito de ecologia integral uma bandeira e um manifesto. Lentamente, mas com capilaridade, as Comunidades Laudato si' estão se difundindo, criando relações entre laicos e católicos e suas questões a* *respeito do futuro. No início nos cansávamos, não conseguíamos fazer com que percebessem a urgência do tema, a sua centralidade. Mas há alguns meses começaram um novo impulso e uma maior integração entre crentes e não crentes, que é a questão sobre a qual falamos no nosso encontro anterior.*

F Certamente. O processo de tomada de consciência é longo e difícil, mas esse é um tema que diz respeito a todos, crentes e não crentes, eclesiásticos e laicos. É um problema mundial, da humanidade, sem distinções. Nesse propósito, como já disse antes, eu tenho sempre de deixar claro que a *Laudato si'* não é uma encíclica verde, mas uma encíclica social. Não ficou claro de imediato e alguns ainda não entenderam, mas há uma grande diferença. Não se trata de ambientalismo, que, por mais que seja nobre, não é o suficiente. Estamos falando aqui de quais modelos de convivência e de futuro temos e de como construí-lo: está em jogo a enorme questão da justiça social que ainda hoje, no mundo interconectado e aparentemente próspero em que vivemos, está bem longe de ser realizada.

C *Estou confiante de que as coisas se encaminharão para o melhor. Vejo em todos os lugares sinais encorajadores, ainda que o trabalho a ser feito seja enorme. E, a esse propósito, gostaria de lhe perguntar sobre o movimento de jovens nascido com Greta Thunberg, a jovem sueca que, com o seu testemunho, conseguiu envolver milhões em todo o mundo. Como o senhor vê esse movimento? Eu o considero um passo importantíssimo e extremamente* *positivo. Vejo jovens que até ontem pareciam não ter interesse pela vida pública irem para a praça e se manifestarem, organizarem ações concretas de tutela do meio ambiente e das paisagens de seus próprios territórios, fazerem exigências precisas àqueles que governam e tomam as decisões.*

F Exatamente! A coisa bonita é que esse movimento despertou as consciências dos jovens, os quais até agora estavam um pouco à margem do debate e da participação política. Vi meninos com cartazes com os dizeres "O futuro somos nós", "O futuro é nosso, não de vocês". Eles estão conscientes de que esta civilização e este modelo estão deixando para eles só as migalhas e que, se não agirem agora, pessoalmente, correm o risco de ter sérios problemas. Outro dia recebi, no Vaticano, capelães do Apostolado do Mar e um grupo de jovens pescadores. Entre eles estavam sete rapazes, pescadores, que têm um pequeno barco com o qual ganham sua sobrevivência. Disseram-me que só nos últimos quatro meses tinham recolhido seis toneladas de plástico do mar, um dado impressionante. Arriscamo-nos a chegar a um momento em que haverá mais plástico do que peixe no mar, e esse é só um dos vários problemas que os jovens percebem no cotidiano.

C *No ano passado nós também levantamos o tema do plástico no fórum de Amatrice. Reunimos ali a rede das Comunidades Laudato si' para adotar um decálogo de ações cotidianas que limitem o uso indiscriminado de plásticos. Agora, ao menos sobre isso, a sensibilidade e a* *consciência estão aumentando. Parece que neste ano será proibido o uso de plástico nos estabelecimentos balneários públicos italianos, e ouvi que a partir de 2020 a Coca-Cola queria eliminar o plástico de suas embalagens e dar a ele uma destinação própria.** Isso significa que os consumidores estão pedindo, e, então, a consciência finalmente chegou. Estamos diante de um desastre de proporções inimagináveis. A Universidade de Sidney observou que nós, por meio dos plásticos, comemos toda semana o equivalente a um cartão de crédito! Agora o plástico entrou com tudo na cadeia alimentar, com consequências que não são ainda conhecidas, mas que parecem preocupantes.*

F Eu também li isso!

C *Impressionante, nós comemos um cartão de crédito por semana sem nem mesmo ter consciência. Assim, o senhor tem uma avaliação positiva do movimento?*

F Certamente! Alguns dizem que Greta Thunberg está sendo levada por outros, que é manipulada. Eu não sei e, em todo caso, isso me interessa relativamente. Se a sua ação e o seu ativismo fazem com que milhões de jovens no mundo se mobilizem, que tomem parte, devemos nos alegrar e ficar otimistas. Interessam-me as reações dos meninos: além do futuro, eles devem tomar o presente.

---

* Em 2018, a Coca-Cola informou que pretendia, até 2030, coletar e reciclar uma garrafa ou lata para cada uma que vendesse. Em fevereiro de 2021, a empresa lançou sua primeira garrafa feita de plástico 100% reciclado. (N. E.)

C *Além disso, fazendo um contraponto com a geração de 1968, essa geração tem uma atitude construtiva. Não se limita aos protestos, pelo contrário: é propositiva e age pessoalmente. Também as pequenas coisas são importantes; eles entenderam o recado. Limparam as valas, entraram em guerra com o plástico, são propositivos com respeito aos próprios comportamentos. Acho que se pode chamar de "geração* Laudato si'". *Por exemplo, de minha parte, na província de Cuneo são diversos os grupos que dedicam um dia por mês para tirar o lixo da estrada e para sensibilizar a opinião pública. É um trabalho belíssimo, louvável. Quando se diz que os jovens de hoje são individualistas e só pensam em seus próprios interesses, me irrito. Penso que hoje o que falta aos jovens é um espaço em que eles possam de verdade ser escutados, em que possam ter influência nas decisões, e não sempre apenas sofrê-las. É muito comum falarem que é preciso dar espaço às novas gerações, mas isso fica no discurso. Existe um ditado piemontês muito famoso: "Se os jovens soubessem e os velhos pudessem...". Eu penso que neste momento da História ocorre exatamente o contrário: "Se os velhos soubessem e os jovens pudessem...". Com frequência nós, os velhos, não estamos prontos para acolher profundamente as grandes urgências de um modo global em plena crise ambiental e estamos presos a paradigmas obsoletos e falidos. E, ao contrário disso, com frequência os jovens têm ideias claras sobre a direção que tomariam, mas não dispõem dos instrumentos necessários para influenciar o sistema.*

F Os meninos se dão conta de que eles são o futuro e de que, se não mudarem, se não agirem, será a morte. Digo isso ao senhor: o núncio apostólico na Indonésia me contou que, algum tempo atrás, estava visitando umas ilhas do arquipélago com uma embarcação.

Durante o deslocamento de uma ilha a outra, ele notou um coqueiro no meio do mar, que boiava como se estivesse plantado na água. Ele ficou confuso com aquilo e perguntou às pessoas que o acompanhavam como era possível um coqueiro nascer no meio do mar. Elas lhe responderam que ele não estava flutuando, mas que tinha as raízes bem plantadas em uma ilha que recentemente havia submergido por causa do aumento do nível do mar. Talvez ainda não nos tenhamos dado conta, mas tudo isso que está acontecendo hoje não são previsões pessimistas de um tempo que está por vir.

C *É uma tragédia anunciada, e a política está dormente. Parece absurdo, porém, que esses assuntos não ocupem as primeiras páginas dos jornais nem estejam no centro dos debates políticos, e não sejam ao menos cruciais nas campanhas eleitorais. É de fato necessário esperar que os jovens comecem logo a impor a agenda política global. Existe uma palavra em italiano um pouco estranha, "benaltrismo", que é usada para se referir a quando, para minimizar um problema, tende-se a destacar algo ainda pior, do qual se deve ocupar antes. É uma desculpa para adiar as ações. Na Itália, sofre-se muito de benaltrismo, sobretudo quando se fala de ações efetivas para conter os danos da mudança climática. E de braços dados com o benaltrismo* *vão as acusações de bom-mocismo que, a cada passo dado, são levantadas contra quem tenta indicar um caminho diferente da política de fechamento e de retrocesso que cada dia mais vemos. Como reagir diante de uma situação em que o ato de generosidade, de acolhimento, é tachado de "bom-mocismo" e ridicularizado? Porque hoje essa é a triste realidade. Se alguém tenta dizer que o acolhimento é um dever, é tido como hipócrita, como uma pessoa que não entende os problemas do povo. E o mesmo vale para quem tenta manter qualquer pensamento progressista.*

F Veja, tem um episódio da mais importante obra literária de língua espanhola, que é *Dom Quixote*, de Miguel de Cervantes. Para mim, é uma boa metáfora dessa situação. Vou contar a você em duas versões, a original e outra, utilizada pelos mais malvadões, como eu (ri). Em uma passagem do livro, Dom Quixote e Sancho Pança estão cavalgando no escuro quando, à distância, ouve-se uma matilha de cães a latir de maneira agressiva. Sancho, alarmado, volta-se para Dom Quixote: "Chefe, os cães latem forte e querem nos atacar". Dom Quixote, como um anjo, responde: "É sinal de que ainda estamos cavalgando". Na outra versão, que não é original, mas que talvez me agrade mais, Dom Quixote responde à preocupação de Sancho de maneira ainda mais direta, dizendo simplesmente: "São cães". Não precisa responder nem se deixar intimidar, porque os ataques são um sinal de que você está fazendo a coisa certa. Ou melhor, é necessário responder com gestos positivos e concretos, com benevolência e solidariedade. Para isso, é preciso colocar lado a lado os documentos de reflexão e aprofundamento. Não é necessário ir para a briga como as galinhas no galinheiro, que se pegam a bicadas, se atacam e depois seguem a vida sem mudança alguma. Essa é justamente a intenção dessa gente que acende esse tipo de debate.

C *É preciso responder com os fatos.*

F Com os fatos, certamente, e depois fazer declarações contundentes, decididas e diretas. Como fará o sínodo: evitar os litígios estéreis e fazer afirmações potentes, sustentar tomadas de posição inequívocas. Eu vejo apenas esse caminho.

C *Estou plenamente de acordo. A briga não compensa e é boa apenas para distrair a atenção das questões verdadeiras. Tudo se reduz a barulho.*

F Muito frequentemente as pessoas que me são mais próximas me avisam que ouvem por aí comentários maldosos sobre mim: que não sou mais o mesmo, que estou perdendo o rumo porque recebi ciganos no Vaticano e falei do acolhimento aos migrantes... Eu não me surpreendo e não me deixo levar. Lembro-me dos primeiros tempos, quando era padre e, depois, bispo, e ia a Turim, talvez até para encontrar os meus parentes. Quando chegava lá, ouvia dizer que Turim não era mais a mesma porque estava cheia de pessoas do sul, e de gente de fora. Falava-se do mercado Porta Palazzo, de como havia se perdido a pureza da cidade, o seu espírito. Naquela época, falava-se com as mesmas palavras odiosas que usam hoje. Só mudou o alvo. Sempre tem um mais pobre e mais marginalizado para atacar, a quem declarar guerra. Mas esse fechamento, a que leva, o que se pode esperar? Vivemos em uma Europa que não faz mais filhos, que se fecha violentamente para a imigração e se esquece da sua história feita de imigrações que duraram séculos. Esquece-se de que os seus filhos foram acolhidos na América, na América Latina e na Austrália e ao longo dos anos souberam se fazer o que são hoje. Nesses tempos os populismos estão fortes, e eles são a estrada mais fácil para não fazer emergir o "popularismo", que é a alma verdadeira do povo. O populismo não tem nada a ver com o povo. Pelo contrário: oprime a alma, enjaula seu espírito mais positivo e nobre. É um movimento político que não tem alma, só tática. Quando o povo expressa sua alma, dá vida à arte folclórica, ao cooperativismo, à gastronomia, à música popular, até à filosofia do povo. É isso que deveríamos perseguir e voltar a valorizar. O populismo trabalha para o povo, mas, sem o povo, usa os instintos das pessoas em dificuldade, indicando um inimigo a ser combatido exclusivamente para uma vantagem de poder.

C *E assim se alimenta a guerra entre pobres, que é o melhor modo para manter o* status quo *e continuar a enriquecer quem já é rico. Nós vimos isso em toda época histórica; é a dinâmica clássica de poder, e, no entanto, temos a memória muito curta. Não conseguimos desenvolver os anticorpos adaptativos para fazer frente a isso e toda vez caímos nessa. Por outro lado, soube das duas cartas que o senhor enviou na prisão para o ex-presidente brasileiro Lula. Soube que ele as apreciou enormemente e que lhe fizeram bem. Sei porque meu amigo Domenico de Masi, um grande sociólogo e conhecido no Brasil, foi encontrá-lo e teve muito do que falar. A segunda carta, em especial, é extraordinária. Deve ser duro para ele, mas sei que as suas cartas o ajudaram muito. Quando finalmente a verdade vier à tona...*

F Humanamente me sinto muito próximo dele, foi uma vivência muito pesada. Pense também em Dilma (presidente do Brasil entre 2011 e 2016), o que ocorreu a ela e o fato de ser obrigada a se afastar pelo *impeachment*... creio que não conseguiram imputar a ela nenhuma acusação, por mais que tenham tentado de todas as maneiras.

* * *

C *Em consequência de minha profissão, mas também por uma profunda convicção, eu creio que a comida seja um elemento muito importante não só nas relações afetivas mas também na integração entre povos e culturas diferentes. Não existe cozinha que não seja a expressão de miscigenação, e, se falamos de gastronomia, o conceito de pureza não existe em nenhum nível. Para lhe dar um exemplo, todos sustentam que o prato símbolo da culinária italiana é o macarrão com molho de tomate. Vale destacar, porém, que nem a massa nem o tomate são italianos, porque o trigo chegou à Itália vindo da Ásia Menor, enquanto o tomate é fruto do "descobrimento" da América. Eu creio que a comida seja um instrumento* *para a construção de pontes, de comunidades imaginadas, de amizades e relações afetivas fortes. Isso para não falar do papel de destaque que o alimento sempre teve na mediação das relações com o divino, na expressão da espiritualidade e da transcendência. Eu gostaria de saber o que o senhor pensa e, se possível, que pudesse se aprofundar um pouco sobre aquela que era a cozinha de uma família piemontesa de imigrantes na Argentina entre os anos de 1930 e 1950. Como era a comida de então?*

F Antes de tudo me vem à mente o ditado árabe (que provavelmente está também na Bíblia, escrito de outra maneira) que afirma: "Para construir uma amizade, são necessários quilos de sal". Ou seja, para criar um relacionamento, é preciso comer junto muitas vezes, é necessário compartilhar o alimento. A comida é um instrumento de convivência. Dividir o pão é o gesto mais emblemático: quebra-se o pão e se dá primeiro ao convidado, compartilha-se. Nesse sentido, estou muito de acordo com aquilo que o senhor disse. Ao mesmo tempo, hoje assistimos a algumas degenerações quando se fala de comida. Na época da opulência, muitas vezes se exagera, de um lado, com a espetacularização do ato de comer; de outro, adotamos uma abordagem esfomeada e sem controle. Penso nesses almoços ou jantares com inumeráveis pratos: sai-se estufado de tanto que se comeu, com frequência sem prazer, só pela quantidade. Esse modo de se comportar é a expressão de um egoísmo e de um individualismo, porque no centro está a comida pela comida, não a relação com as outras pessoas, da qual a comida deveria, na verdade, ser o meio.

Quando, no entanto, tem-se a capacidade de manter as pessoas ao centro, então o comer é o ato supremo que favorece a convivência e a amizade, cria as condições para o nascimento e a manutenção de boas relações, atua como intermediário de valores e de cultura.

C *Das culturas que se encontram nascem as mudanças, os reconhecimentos, o crescimento recíproco e a confiança, que dão origem a novas culturas.*

F Na Argentina, por exemplo, na minha família aos domingos nunca faltavam os raviólis típicos do Piemonte. A minha avó materna fazia sempre almoço para 40 pessoas, porque tinha 5 filhos, e cada um deles tinha 5 filhos e vinham com suas mulheres e seus filhos. Às vezes, preparava manualmente 600-700 cappelletti; era um modo de demonstrar amor e cuidado. E para o segundo prato chegava o assado, o grelhado. Misturavam-se as tradições, mas ninguém se sentia em desvantagem ou tinha algo do que reclamar. Era a maneira mais natural de se sentir em casa.

C *De fato, na cozinha argentina é muito forte a influência dos imigrantes italianos. Em alguns casos, os pratos se mantiveram tal qual no outro lado do oceano. É um belo pensamento o de que a comunidade se congregava em torno da comida, mesmo que fosse para atravessar melhor as dificuldades da imigração. Uma vez me disseram, na Argentina, que em muitos lugares ainda se faz a bagna cauda à maneira piemontesa.*

F É verdade, sobretudo em Córdoba e Rafaela, ainda é feita com frequência. Trazida pela comunidade que veio do Piemonte, criou raízes e se tornou autóctone; é considerada um prato tradicional até por quem não tem ascendência italiana. Mas se encontra também em Buenos Aires. Um exemplo: em 2010 saiu o livro *El jesuita*, uma biografia publicada quando eu era arcebispo de Buenos Aires, a partir de entrevistas e diálogos com Francesca Ambrogetti e Sergio Rubin. Na ocasião, a editora Vergara, argentina, organizou uma festa com uma grande bagna cauda.*

Recrutaram um cozinheiro piemontês radicado em Buenos Aires, que fez o prato para todos os convidados. Um tipo de homenagem à minha história pessoal. É um preparo muito difundido na Argentina, a bagna cauda, com receitas que diferem um pouco uma da outra, como a de Asti, a de Cuneo ou a do norte do Piemonte.

C *E o tajarin?***

F Sim, faziam também. Abriam a massa e depois cortavam com a faca. Vi serem feitos muitas vezes, pelas minhas duas avós e também pela minha mãe, em especial aos domingos. Era um outro prato da festa. As minhas duas avós são piemontesas. Com elas aprendi o piemontês e a cozinha tradicional. Um dos meus avôs, por outro lado, era genovês. Com ele se falava em

---

* Prato típico da região do Piemonte, na Itália. Significa literalmente "molho quente", no dialeto da região. (N. E.)

** Talharim. Essa massa em forma de tiras finas e achatadas é típica do Piemonte. (N. E.)

espanhol, não sei por quê. Do genovês, só aprendi os palavrões.

C *Então uma das suas avós era de Cortemilia, da região do Langhe.*

F Sim, mas ela jovem morou em Turim e depois em Asti, então tem a cultura turinesa.

C *Verdade, eu sabia disso. Tanto é que, talvez não se lembre, mas o livro com que eu o presenteei alguns anos atrás conta exatamente aquela cultura do território de Asti por meio das fotos de um padre rural, tiradas no começo do século XX. Essa lembrança dos emigrantes que levam com eles a sua cozinha para terras distantes e a readaptam com matérias-primas que conseguem encontrar no local é fascinante. E hoje isso está acontecendo na Itália. Por exemplo, no Slow Food eu tenho um grande amigo de origem chinesa, e ele só utiliza, no seu restaurante, produtos que tenham uma pegada de carbono quase zero, sem renunciar às receitas da tradição de Sichuan, de onde ele veio. E as comunidades migrantes depois se equipam e começam a cultivar as suas verduras tradicionais conforme se instalam, e a demanda cresce. Também é um bom processo de hibridização agrícola e de crescimento para todos. Dessa maneira, são geradas novas oportunidades para a agricultura piemontesa e se somam conhecimentos, alargam-se os horizontes. E também se come melhor!*

F Exato. Na Argentina se cultivava milho para a polenta, que era o prato principal de quase todos os dias no almoço. Cortava-se com o fio, e a que sobrava era prensada e esquentada no forno ou se comia frita; ainda melhor. A minha lembrança é do matrimônio entre a cozinha piemontesa e a argentina. Quando se fazia a bagna cauda, comia-se só ela, em um prato único. Não, pensando bem, a gente comia os vermicelli sem molho e com azeite, para limpar e fazer descer a bagna cauda. Era um ritual de digestão. A bagna cauda, o senhor sabe melhor do que eu, muda de vilarejo para vilarejo. A de Biella tem muito alho, a de Asti tem creme, etc.

C *Quando o Slow Food nasceu, seu manifesto se definiu, entre outras coisas, como "movimento pelo cuidado e o direito ao prazer". Tínhamos em mente, contudo, um prazer que não é se empanturrar; um prazer que não é abundância, mas moderação. No empanturrar-se, como o senhor disse, não existe prazer verdadeiro, mas cobiça insaciável. No entanto, a Igreja Católica sempre mortificou um pouco o prazer, como se fosse algo a ser evitado.*

F Sobre isso, não estou de acordo. A Igreja condenou o prazer humano bruto, vulgar, mas, por outro lado, sempre aceitou o prazer humano sóbrio e moral. O prazer deriva diretamente de Deus, não é católico nem cristão nem qualquer coisa assim, é simplesmente divino. O prazer de comer serve para fazer com que comendo se mantenha a boa saúde, assim como o prazer sexual é feito para tornar o amor mais bonito e garantir a continuação da espécie. Aquilo que o senhor diz se refere a uma moralidade fanática, um moralismo que não tem sentido e que pode ter sido, em algumas épocas, uma má interpretação da mensagem de Cristo. Ao contrário, o prazer de comer assim como o prazer sexual vêm ambos de Deus.

C *Por outro lado, como o senhor afirma, são dois atos que garantem a sobrevivência da espécie.*

F É por isso que Deus os criou de maneira belíssima, repleta de prazer. A rigidez dos seguidores de Pelágio fez tanto mal, essa visão refutou de maneira tão fanática o prazer, que causou danos enormes, sentidos fortemente até hoje.

C *O senhor contou sobre as experiências gastronômicas que teve na Argentina, e pudemos desfrutar de sua poesia, de sua intensidade. Que diferença imagina que exista em relação aos tempos atuais, quando parece que aqueles que migram só encontram violência e portas fechadas? Às vezes, por culpa também de uma comunicação que não faz bem seu trabalho, parece que não existem histórias positivas, de acolhimento e de integração, conseguidas com serenidade. Até as histórias positivas, como as de atletas filhos de imigrantes que fazem a Itália grande no esporte mundial hoje, com frequência trazem consigo experiências de racismo, de insultos, de desconfiança, de suspeita. Em alguns casos, parece que estamos nos tornando piores. Parece que nem ao menos vale a pena saber quais são os hábitos dos "estrangeiros"; que não vem ao caso se misturar demais com essa gente "de longe"; que a nós não devem interessar seus desejos e suas esperanças. A única voz firme sobre isso é a própria Igreja, ainda que pareça que poucos levem a questão no peito. Tenho visto que se fala difusamente também nos documentos preparatórios do Sínodo para a Amazônia; todavia, talvez valha a pena tentar entender o que mudou. É uma mudança antropológica? Não somos mais capazes de sentir empatia e proximidade?*

F Creio que seja uma tendência momentânea, ligada a este período histórico precisamente. Uma corrente de egoísmo que faz mal e é rejeitada com a caridade e a gentileza. Vem à minha mente uma reflexão puramente empírica, que não tem nada de científica e, assim, pode não estar plenamente correta: que coisas mudaram do tempo dos meus? Preciso dizer que seguramente o bem-estar deve ter tido um papel: as fábricas, a opulência, o crescimento e a disponibilidade econômica exerceram um impacto profundo, com todas as ilusões e todos os seus deslizes. Hoje, as prioridades mudaram. Queremos primeiro viajar, queremos comprar a casa, devemos fazer outras coisas que na cultura atual são mais importantes e têm prioridade. O bem-estar instalou um modelo em crise. Hoje os aposentados falam de trabalho, ainda que estejam aposentados, enquanto os mais jovens falam de posições, de *status*. Tudo mudou. Dei um exemplo, mas não acho que seja um caso isolado. O que se espera do futuro? Sem filhos e sem migrações, o que nos espera?

C *Sempre tentando raciocinar livremente, talvez um outro elemento é que a emigração europeia para a América foi de famílias, enquanto a africana ou a asiática* *de hoje é predominantemente feita por jovens sozinhos. Uma coisa é integrar-se como família, outra é fazer isso sozinho, sem pontos de referência sólidos, sem um refúgio emocional para se apoiar nas dificuldades. A nossa migração era fruto de escolhas familiares, uma perspectiva de comunidade que permitiu manter uma cultura e um estilo de vida. Por outro lado, o senhor mesmo contava que, quando seu pai decidiu partir para a Argentina, os avós decidiram segui-lo justamente para manter a ligação familiar segura. Pois provavelmente a isso se juntava uma predisposição de acolhimento diferente daquela de hoje.*

F Verdade, porém agora quem chega sozinho tem mais instrumentos para criar uma comunidade com seus próprios compatriotas. Um exemplo aqui em Roma é a comunidade filipina, que, fazendo um aparte, é aquela que transmite a fé hoje. As mães da burguesia romana querem babás filipinas para seus filhos porque falam inglês e o ensinam às crianças. Mas as mulheres filipinas são também aquelas que transmitem a fé e a mantêm viva, com atitudes e comportamentos, com o exemplo. Porque a fé se transmite "em dialeto", não em conceitos. Os pais muitas vezes não sabem transmitir a fé, eles se debatem. E, então, as babás filipinas fazem aquilo que a família não é capaz de fazer. E fazem também cultura. Outro dia tive uma belíssima experiência com os imigrantes do Congo, com as mulheres da comunidade congolesa. Constituíram uma associação, querida pelo cardeal Malula, que já faleceu. Vieram me encontrar essas mulheres com um extraordinário conhecimento de si, firmado na sua cultura. Mantêm os seus ritos e a sua sensibilidade. É maravilhoso ir à missa da comunidade congolesa. Dura quase quatro horas, é cheia de cantos, de cores, de festa, de dança.

C *Essa diversidade é mantida, é preciosa e é o cerne da convivência civil. Deve ser fortemente defendida.*

F A diversidade faz a unidade. Em teologia, o Espírito Santo faz a diversidade dos carismas, mas com essa diversidade faz a unidade. O mesmo vale para a humanidade: quando as diferenças estão em acordo, então se cria uma unidade mais bela e rica para todos. É um conceito teológico, mas também muito humano. Por isso, eu digo que sou contra a globalização esférica. A globalização é boa se é poliédrica, isto é, se cada povo é único e mantém a própria identidade. Nivelar diferenças só faz mal e não serve a ninguém; é uma perda gigantesca para todos.

C *Nisso têm um papel muito importante também a sabedoria camponesa e tradicional, o bom senso dos humildes com respeito à ciência e à alta cultura. Por tempo demais, do meu ponto de vista, assistimos à marginalização dos conhecimentos tradicionais, como se fossem herança de uma época acabada e à qual se deveria dar as costas em nome do progresso guiado pela ciência. Ao contrário, existe uma cultura popular que se exprime de uma maneira diferente dos cânones da academia, mas que contém profundos elementos de verdade e de compreensão do mundo. É necessário reconstruir o diálogo entre esses dois mundos.*

F Existe uma sabedoria popular talvez hoje mais fácil de encontrar nos contextos rurais do que nas cidades, em qualquer latitude. Existe um pequeno vilarejo na diocese de Roma, aqui próximo. Quando saiu o meu *Motu Proprio* sobre o matrimônio, começou a discussão, e ali alguns padres buscaram conversar com o bispo para enquadrar e definir as problemáticas, planejar as ações. Os padres jovens estavam com medo e inseguros; não sabiam muito bem como se adaptar às novidades e como se relacionar com os fiéis. Um pároco de 60 anos, titular de três paróquias e com autoridade moral reconhecida na comunidade, um daqueles personagens corretos e carismáticos, participou do encontro, mas, diferentemente do costumeiro, ficou quieto. Permaneceu calado durante essa discussão tão importante, até que lhe perguntaram: "O senhor não vai falar nada?". E ele: "Eu já coloco essa coisa em prática há anos". Como se diz, às vezes a sabedoria popular e a força dos humildes, de quem sabe estar no meio das pessoas, de quem sabe usar bem o bom senso, vão muito mais longe do que qualquer indicação ou regra e conseguem obter mais resultados do que qualquer decisão política. Aquele padre tinha ido adiante e o fizera de forma natural e com bom senso, sem precisar seguir instruções. Existe um famoso filósofo argentino de origem alemã, Rodolfo Kusch, um grande intelectual que, ao lado da filosofia, sempre colocou a antropologia de campo. Para mim, ele foi quem melhor soube expressar a filosofia e a identidade do povo. Os povos têm alma, sabedoria, cultura. O populismo é a projeção de gente culta sobre o povo.

O populismo é filho de uma concepção iluminista do povo. Mas isso é o que eu penso.

C *Em sua longa entrevista com o sociólogo francês Dominique Wolton, em um momento citou o filme de* A festa de Babette, *de 1987, que é uma das minhas obras cinematográficas favoritas. Também ao senhor agradou o filme?*

F Ah, é um dos filmes mais bonitos que já vi. A história é ambientada em uma comunidade calvinista muito rígida na Dinamarca. As duas protagonistas, filhas do pastor, enamoraram-se, mas repeliam esse sentimento porque era erroneamente considerado contrário à moral tão rígida que haviam herdado. As irmãs viviam uma vida de renúncias, não só de amor, mas de tudo, incluindo a comida e o vestuário. Um tipo de autoflagelo contínuo. A cozinheira francesa Babette, "estrangeira" nesse contexto, ganha um prêmio na loteria e decide cozinhar um almoço sublime para a comunidade inteira. Com esse gesto, consegue fazer todos sentirem e verem a beleza humana, consegue fazê-los perceber que o prazer divino foi longa e erroneamente sufocado. Para mim, esse é um hino à caridade cristã, ao amor. *A festa de Babette* é uma das coisas mais humanas e belas no cinema. Eu gosto muito de cinema, sou um apaixonado. Quando era bispo auxiliar em Buenos Aires, era encarregado de dar os cursos aos ministros extraordinários da comunhão. O curso era dado em quatro sábados. No primeiro sábado sempre se assistia ao *A festa de Babette* e se discutia, eu sempre partia dali. Aquela era sempre a primeira lição. Porque, se você deve levar a eucaristia a um doente, não pode fazê-lo com rigidez, precisa fazer isso com amor e alegria, deve conhecer a beleza do presente.

C *E o fato de que Babette, no filme, usa todo o dinheiro que ela ganhou na loteria para organizar essa festa é extraordinário. É um ato de generosidade enorme.*

F Enorme, porque é uma mulher que fez a comunidade ver o verdadeiro caminho da vida. Não lhe importava nada do dinheiro; o que lhe importava era a vida.

C *Essa é a resposta ao que dizíamos há pouco sobre o prazer...*

F Mas vocês, italianos, têm uma grande sabedoria e uma grande história, se falarmos de cinema. O cinema italiano do pós-guerra é uma grande lição de humanismo. Eu sou um pouco fanático, porque os meus pais, em casa, nos levavam com frequência ao cinema. Quando crianças, sempre íamos, todos juntos, ver os filmes de Aldo Fabrizi, da Magnani. Todo o neorrealismo. Era uma grande lição de humanismo. *A estrada da vida*, para mim, é uma outra obra-prima do humanismo italiano e do cristianismo.

C *Anthony Quinn está incrível!*

F Sim, todo o cinema do pós-guerra... *Milagre em Milão*, de Vittorio De Sica... Era preciso rever esses filmes para entender como mudamos e como as nossas sociedades mudaram, nem sempre para melhor.

C *E o senhor ia ao cinema com a família?*

F Sim, nossos pais nos levavam. Era a época em que se exibiam três filmes, um depois do outro. Um iniciava às 14 horas, e depois até as 19 horas havia projeções. E então levávamos panini e ficávamos a tarde inteira. Papai, mamãe, todos juntos.

C *E seus pais reviam seu país. Reencontrava-se um pedaço da história deles...*

F Sim, e nos contavam. Esse era um outro elemento cultural muito forte que recordo com prazer. Todo sábado à tarde a rádio argentina transmitia uma ópera italiana. Então, nossa mãe nos fazia sentar diante do rádio, naquele tempo não existia televisão, e explicava tudo, até antecipando a trama. "Agora o massacre!", dizia. Ou, então: "Agora ela escapa". Ela antecipava o que acontecia. Fazia-nos entender a beleza da ópera italiana, que é também parte da nossa cultura. Devo isso a ela.

C *E, enquanto isso, aprendia italiano. Na prática, cresceu românico. Entre românico e tajarin.*

F Tajarin e bagna cauda!

C *Para fechar, qual é a diferença entre a Teologia da Libertação e a do Povo?*

F Simplificando muito, diria que a Teologia da Libertação foi positiva e é muito similar à do Povo. Mas no passado foi instrumentalizada para fins políticos ideológicos, também usando as análises marxistas.

Então se prefere a Teologia do Povo para evitar instrumentalizações muito fáceis. A do Povo se inspira na da Libertação, mas para chegar ao povo. Quando estava na Argentina, sempre mantive muito firme a distinção entre as duas teologias. Não porque a da Libertação não fosse boa, mas para evitar as derivações ideológicas. E muitos jesuítas eram filomarxistas, e por isso muitas vezes fui acusado de ser um conservador, um monólito de naftalina.

C *Que sina!*

Diálogo de 9 de julho de 2020

CARLO PETRINI *Na última vez, há um ano, nosso diálogo concentrou-se em parte no Sínodo para a Amazônia, que aconteceria em breve. Naquela ocasião, o senhor me convidou a participar, e posso dizer que foi uma experiência extraordinária. Vivi dias inesquecíveis e vi uma Igreja diversa, como imaginava: uma Igreja com os pés no chão, muito viva. Para mim, foi uma experiência belíssima, de verdade. Depois do sínodo, nossa construção de pensamento seria concluída na Economia de Francisco, o evento que estava marcado para março de 2020, em Assis. E então, infelizmente, veio a pandemia. A Economia de Francisco foi remarcada para novembro, mas fechar nosso livro sem uma reflexão sobre aquilo que aconteceu não é bom! Isso do Covid-19 é um evento histórico para toda a humanidade, não é apenas uma questão pessoal: agora, vemos a humanidade bastante prostrada. Então, eu gostaria de fechar com reflexões e também com palavras de esperança, se possível, porque a gente neste momento tem necessidade de ouvir palavras encorajadoras. Quais são suas impressões a respeito desta situação?*

PAPA FRANCISCO O senhor disse prostrada, não? Eu diria também, muitas vezes, esmagada. Esmagada por esse vírus e tantos outros vírus que nós fizemos crescer. Esses vírus da injustiça: uma economia de mercado selvagem, uma injustiça social violenta, em que as pessoas morrem como animais e vivem, também tantas vezes, como animais. Em que a exploração do trabalho é a ordem do dia, em que os povos perdem a própria identidade na mão de populismos selvagens que querem lhes salvar com as suas ideias e suas doutrinas, com doutrinação... talvez seja muito pessimista isso que estou dizendo. Mas eu olho para as periferias. Eu acho que seria necessário descentralizar-se hoje. E andar por ali, onde o futuro se constrói.

C *Nas periferias?*

F Sim. Nas periferias reais, existenciais ou sociais, desde que sejam periferias. Não em um centro que existe, mas que é somente virtual, não real. É como a corrente de Santo Antônio; também a economia se tornou isso: você acredita ter 100 mil liras, mas tem apenas 2.* Precisamos ir para o concreto, para a vida da pessoa. De uma crise não se sai igual: ou se sai melhor ou pior. A nós está dada a escolha neste momento.

C *Então, trata-se de uma escolha coletiva? Estamos diante da exigência de uma política de base forte para ter uma direção?*

---

* O Papa faz referência às pirâmides financeiras. A lira é a antiga moeda italiana, substituída pelo euro. (N. E.)

F Exatamente, isso é sempre importante. Uma política que diga *nunca* a uma economia de mercado selvagem, que diga não à mística das finanças, que não podem ser agarradas porque são feitas de ar. Um novo modo de economia, um novo protagonismo dos povos. Um não, um nunca aos populismos, sejam políticos, sejam culturais ou sejam religiosos. Sim aos popularismos, em que os povos crescem, expressam-se cada um com as suas próprias características e em comunidade. Não ao sectarismo religioso.

C *Mas de fato a coisa bonita desses nossos encontros é que, mesmo se com essa convulsão as linhas não mudaram, a* Laudato si' *foi posta em evidência. É ainda mais atual do que antes.*

F Sim, a consciência acerca da *Laudato si'* cresceu.

C *Isso era inimaginável há cinco anos, e as temáticas tratadas nas páginas de aprofundamento do livro – comunidade, nova economia, atenção ao problema migratório, educação e biodiversidade –, que nós escrevemos antes da pandemia, permanecem centrais e inalteradas.*

F São as questões que precisamos enfrentar. Por sorte começa a existir consciência. Como lhe contei, no ano passado alguns pescadores da região de San Benedetto del Tronto vieram ao meu encontro. Não pescadores de barcos grandes, daqueles industriais que fazem de tudo. No ano anterior, eles disseram que haviam recolhido 6 toneladas de plástico em um só barco, lembra-se? Bem, neste ano disseram que o interesse aumentou e que eles retiraram 24 toneladas de dejetos, das quais 12 toneladas de plástico. Eles se conscientizaram e entenderam que devemos limpar o mar. Aqui no Vaticano é mais fácil haver essa conscientização e se mover em consequência disso, porque é um Estado muito pequeno: aqui os pesticidas que usamos no jardim são todos naturais. Também para a luz, mudamos o sistema. Temos painéis solares sobre o anfiteatro Paolo VI, que geram energia suficiente para iluminar também esta casa. Aqui dentro não tem plástico, só aquela garrafa velha de água que foi reutilizada, mas fora essa não existem outros plásticos. É uma coisa pequena, mas essa consciência deve ganhar espaço em todo o mundo. No ano passado recebi um grupo de investidores de petróleo, de alto nível, e me disseram: "Mas se nós neste momento fizermos a mudança e buscarmos outro tipo de energia, deixando de lado o petróleo, vai ocorrer uma segunda crise mundial como aquela dos anos 1930!". E é verdade. Mas também é verdade que se precisa de sabedoria para fazer as coisas lentamente, sem acabar com o trabalho. Porque o trabalho é como o ar da nossa cultura; sem o trabalho, o homem diminui...

C *Sim, estamos em uma encruzilhada muito interessante. Porque, de um lado, depois dessa situação, todos esperam por uma mudança. De outro, agora, com esse sofrimento, tende-se a voltar a ser como antes, isto é, aos mesmos valores de antes.*

F É assim; estão se preparando para esse retorno.

C *Essa é a grande contradição!*

F Não; é verdade que alguns estejam trabalhando para esse retorno. Mas nós devemos preparar outra coisa. A alternativa! E vencer com essa alternativa. Nisso está trabalhando o Grupo Pós-Covid no Dicastério para o Serviço do Desenvolvimento Humano Integral, com o cardeal Turkson. Sim, porque muitos estão se preparando com três pinceladas de verniz para dizer depois "Ah, tudo mudou!", mas, ao contrário disso, nada mudou. Deve-se mudar com a descentralização.

C *Então a lógica é aquela de difundir e passar essa ideia de mudança em nível mundial.*

F Sim. Por exemplo, os movimentos populares são vias possíveis.

C *Na verdade, o senhor se recorda de quando nos conhecemos e falamos de Terra Madre, a nossa rede mundial nascida em 2004? Terra Madre é diferente dos movimentos populares porque na nossa rede estão budistas, taoístas, etc. E neste ano, em outubro, deveria acontecer o encontro clássico em Turim, que temos a cada dois anos, para celebrar essas temáticas e esse novo conceito de política. Mas, com a chegada da Covid-19, infelizmente não nos encontraremos mais fisicamente e vamos fazer tudo on-line. Eu gostaria muito, caso o senhor esteja de acordo, que sua mensagem enviada aos movimentos populares pudesse também ser a mensagem para a nossa rede de Terra Madre, porque é de uma lucidez política extraordinária.*

F Eu me dirigi muitas vezes aos movimentos populares; a que carta o senhor se refere?

C *O discurso de abril passado, o último que fez. Posso usá-lo?*

F É público, não precisar pagar nada! (rindo) Não vai faltar gente para dizer: "O Papa tem direitos autorais sobre isso". Responda em seguida: "Não, não, o bispo de Roma me disse que é pobre e não pede nada".

C *(ri) É um bem comum, um bem de relacionamento. É, sim, porque aquilo que o senhor escreve é fantástico do ponto de vista político. Quando diz "Vocês já praticam essa política", é muito verdadeiro! Eu te digo uma coisa: uma das referências com as quais eu cresci, e crescemos em 1968, era Dom Milani. Há uma frase de Dom Milani que escrevi porque me alegraria saber se está de acordo com essa ideia e se estamos alinhados. Dom Milani diz... espere, que se não coloco os óculos... (coloca os óculos): "Aprendi que o problema dos outros é igual ao meu. Livrar-me dele junto é política. Livrar-me dele sozinho é avareza". Aí está, neste momento nós temos necessidade de sair dessa todos juntos, com uma política que sinalize essa mudança.*

F É, mas ele era lúcido, ele era um profeta social, um profeta da educação, um profeta humano, do humanismo. Eu fui até Barbiana.

C *Eu sei, eu sei. E o que disseram aqui no Vaticano quando foi a Barbiana?**

F Que ia bem! Dificilmente me dizem que algo não é bom, pelo menos não diretamente. Quando fui até Dom Tonino Bello** e Dom Primo Mazzolari***, na Cremona, ninguém me disse nada também.

C *Mas como o senhor conhecia esses sacerdotes, da Argentina?*

F Não os conhecia. Comecei a conhecê-los aqui.

C *Ah, mas é incrível isso. Quer dizer que lá não conhecia Mazzolari, Dom Milani?*

F Não, eu só conhecia Arturo Paoli.****

C *... que eu conheci quando ele tinha 102 anos! Com ele fiz um debate com Pérez Esquivel, foi uma coisa memorável. E ainda vivo. Mas o senhor o conheceu pessoalmente, o Paoli?*

---

* Barbiana é um vilarejo italiano onde o padre e educador Lorenzo Milani, falecido em 1967, fundou uma escola que se tornou modelo para estudiosos da pedagogia crítica e da justiça social em diversos países. (N. E.)

** Dom Tonino Bello, bispo de Molfetta-Ruvo-Giovinazzo-Terlizzi, falecido em 1993, destacou-se por seu trabalho dedicado aos mais pobres e pela voz crítica aos conflitos internacionais, como a Guerra do Golfo. (N. E.)

*** O padre Primo Mazzolari, falecido em 1959, desenvolveu uma forte doutrina social que, na época (a primeira metade do século XX), encontrou resistência dentro da própria Igreja Católica. (N. E.)

**** O padre e missionário italiano Arturo Paoli se destacou pelos trabalhos desenvolvidos com pessoas marginalizadas em diferentes países, incluindo o Brasil. Faleceu em 2015, pouco antes de completar 103 anos de idade. (N. E.)

F Sim, na Argentina. E creio que o vi aqui uma vez, como Papa. Um ótimo tipo.

C *Para o catolicismo italiano, ter colocado de lado pessoas assim não representa uma ferida pequena.*

F Da mesma forma como para todos os grandes e os grandes profetas. Agora, felizmente, estão sendo resgatados. Agora é outra coisa. Mas por muitos anos a história da Itália foi muito ligada à memória dos Estados Papais. Era preciso um homem com a coragem de Pio XI para acabar com isso.* Não existia um diálogo verdadeiro, sobretudo porque na época o seu interlocutor era um ditador, porém...

C *Mas pelo menos acabou essa separação, que durou mais de cinquenta anos!*

F Exatamente; era necessária a coragem de um homem para fazer uma coisa do gênero, porque para fazer mudanças na Igreja é necessária muita coragem. E o Concílio Vaticano II ainda não foi aceito, cinquenta anos depois, por muita gente que busca andar para trás. Os historiadores dizem que para fazer um concílio entrar na vida da Igreja são necessários ao menos cinquenta anos, sabia? Então ainda estamos na metade do caminho, mas as reações já são muito fortes. E vêm sobretudo de uma concessão ao liberalismo econômico, um pouco similar àquela do cristianismo da Teologia

---

* Refere-se ao Tratado de Latrão, assinado entre o Reino da Itália e a Santa Sé em 1929 e conduzido pelo Papa Pio XI e por Benito Mussolini. Com a assinatura do tratado, surgiu o Estado da Cidade do Vaticano. (N. E.)

da Prosperidade. Isso não é o caminho. Pelo contrário, o caminho é o da Teologia da Pobreza. No Evangelho, Jesus coloca uma contradição, a única. Existem apenas dois "Senhores": um é Deus, e o outro é o Dinheiro. E não se pode servir a dois "Senhores".

C *Uma escolha de lado na batalha.*

F Já no tempo de Jesus! É esse o caminho, não? Mas ainda existe uma certa Teologia da Prosperidade que inspira aquele cristianismo ideologizado que vai contra o concílio... Mas isso vocês sabem melhor do que eu, não?

C *E o senhor, como vive essa situação?*

F Em paz, não me tira o sono. E imagine, sem bagna cauda e tajarin...!

C *(ri) É, sim, porque são reações muito duras.*

F Mas é preciso ir em frente.

C *E, ao contrário, há uma outra coisa que eu gostaria de pedir ao senhor. Existe hoje uma realidade muito interessante, a dos "invisíveis", como a chamamos. Essa humanidade de gente que trabalha nos campos e vive às margens da sociedade, que não a vê. O líder do nosso movimento é um sociólogo e sindicalista da Costa do Marfim, Aboubakar Soumahoro, que escreveu no apelo dos Estados Populares: "a unidade dos invisíveis deverá ser uma vocação da nossa consciência coletiva, que nos requisitará romper as correntes do individualismo para* *abraçar a liberdade da solidariedade; deixar de lado o peso do Eu para alcançar a leveza do Nós". E depois cita também uma frase sua, em que o senhor afirma que Jesus Cristo conheceu os apóstolos no lago da Galileia enquanto trabalhava, que não existia nenhuma conferência, nenhum seminário e que não os conheceu nem ao menos no templo...! Eu achei essa passagem belíssima, sobre essa humanidade que não é visível para a política, para o establishment, para as pessoas que contam.*

F É o povo! Nós precisamos tomar consciência do povo. Nós temos experiência de povo nos lugares menores, por exemplo; ali se vê mais. As pessoas são protagonistas da história. É preciso abrir os horizontes, deixar que a cultura de todos os povos se expresse e que exista uma relação entre as culturas. Uma globalização poliédrica com todas as culturas juntas, não aquelas esféricas, que nivelam todas as culturas. Não à uniformidade, sim à universalidade. Devemos fazer ressurgir essas reservas dos povos. De outra forma, qual seria a solução proposta para hoje, a mais fácil?

Os populismos! Os populismos fazem o quê? Vão com uma ideia, prendem o povo sob uma ideia, disseminando o medo – por exemplo, o medo dos imigrantes vem dos populismos –, e alguns discursos de certos líderes políticos de alguns países que ouvi vão diretamente na direção de um populismo perigoso. Saiu um livro recentemente, e devo tê-lo ali (indica seu quarto e sua biblioteca). Se eu o encontrar, vou deixá-lo com o senhor, para que possa lê-lo. O livro faz uma comparação entre os populismos atuais e o de 1932-33, na

Alemanha. Leia, e depois o senhor me devolve. É uma análise clara sobre aquilo que está sucedendo agora, em especial na Europa.[11]

C *Sim. E, por outro lado, o que quero lhe perguntar é o seguinte: uma vez que nos deixou* Querida Amazônia, *um documento de uma beleza incrível, porque concilia carinho com essa terra e essa população, poesia e visão política, quais são as suas impressões a respeito do sínodo? Sobre o silêncio acerca da proposta de ordenar homens casados, os* viri probati, *já dei minha opinião.*

F No que diz respeito ao sínodo como tal, creio que tenha sido importante para desenvolver uma consciência. Por exemplo, na semana passada nasceu a Conferência Eclesial da Amazônia, e – graças a esses aparelhos modernos que não sei como se chamam – fizeram o primeiro encontro escolhendo as autoridades: cardeal Hummes como presidente, David Martínez de Aguirre – o vigário episcopal de Puerto Maldonado e secretário do sínodo – como vice-presidente, e depois os laicos criaram uma comissão para a consciência pan-amazônica. Estão trabalhando bem! Aqui alguns achavam que deveriam ter regras. Mas não! Deixe que a vida se encarregue rapidamente disso sozinha. Quando a planta cresce, deixe-a crescer. Depois, quando alcançar uma certa altura, a guiaremos para que não vá para um lado ou para outro. Mas não se pode colocar uma estaca em uma plantinha pequena. Deixe-a crescer.

---

[11] A obra é *Sindrome 1933*, de Sigmund Ginzberg, lançada em 2019.

É essa a filosofia que eu uso, os povos são livres para se expressar, não? Então, existe o tempo para a discussão: isso não tanto, aquele outro sim, e assim vai.

C O sínodo foi um momento verdadeiramente importante. *Com grande espiritualidade, mas, também, com muita política. Fazia muito tempo que não assistia a uma discussão com tanto sentido. Tive então um debate com Hummes em Assis e anunciei que iria lhe enviar aquela carta, e ele me disse. "Faça-o, faça-o porque é importantíssimo que diga a eles o que pensa". Porque o foco estava todo colocado nos* viri probati, *enquanto a importância era outra e bem mais relevante. Pronto, me faz muito mal pensar que aquelas populações estão sofrendo um genocídio: estão morrendo aos milhares.*

F Sim, ainda que a palavra genocídio não seja usada no seu sentido verdadeiro e próprio.

C *Não, talvez seja exagerada.*

F Não; em sentido figurado, sim, pode-se usar. Sim, porque essa gente é assediada. Assediada pela tecnologia, pela economia, pelas multinacionais. São os descartados. Hoje existe a política do descarte. Não se esqueça disso. Descartar a vida, descartar os povos que não nos dão algo, que não produzem. Descartar, descartar... Descartar os velhos, que são a sabedoria de um povo. Eu não me esqueço nunca de Iași na minha última viagem à Romênia, aquela praça de Iași cheia de gente. A maioria era de ortodoxos, e eu vinha com o papamóvel entrando na praça. Ali uma avó, com o lenço na cabeça, como as típicas mulheres romenas, aproximou-se com o netinho no braço. Olhou-me e estendeu o menino para mim, para vê-lo, como para dizer: "Olha, esta é a minha vitória!". Eu fiquei muito emocionado e um pouco depois pensei: "Que pecado que não parei tudo para descer e cumprimentar: aquele era um verdadeiro símbolo!". E então, quando cheguei ao destino, pouco antes de fazer minha fala, disse ao fotógrafo: "Viu aquela mulher? Como gostaria de encontrá-la novamente e tirar uma foto: era um verdadeiro símbolo". E ele me respondeu: "Eu percebi como Vossa Santidade a olhou, daí fiz a foto". Então falei daquela mulher no meu discurso final, e, no dia seguinte, a foto dela com sua expressão triunfante estava em todos os jornais da Romênia.

C *Ah, a foto foi impressa em toda a Romênia?*

F Sim, graças a esse fotógrafo. Aquela foto é a memória das raízes e a flor da nova vida. Por isso, insisto tanto no diálogo entre velhos e jovens, os anciãos e os jovens. A geração dos pais de hoje perdeu tanto com essa cultura do bem-estar, perdeu a memória das raízes, mas os velhos ainda a têm. E devemos favorecer essa transmissão dos velhos para os jovens.

C *Afinal, a razão pela qual nos conhecemos, o senhor e eu, o nosso elo, foram as nossas avós. O senhor, que falava da sua avó, e eu, que falava da minha avó. E é verdade que elas tinham raízes bem sólidas. Minha avó, catolicíssima em Bra, casou com Carlo Petrini, meu avô, ferroviário e fundador do Partido Comunista local. Quando em 1948 os comunistas foram excomungados, ele já tinha morrido, mas minha avó foi confessar-se. "Em quem a senhora votou?". E ela respondeu que tinha votado nos comunistas, como seu pobre marido. O padre disse que não poderia lhe dar a absolvição... Então, minha avó pensou e respondeu: "Pode ficar com ela!".*

F   Sabedoria, era sabedoria!

C   *Não era fácil, em 1948, dizer "Fique com a absolvição" a um confessor, porque ela era muito católica.*

F   "Que fique com ela!" (ri). É um modo muito polido de mandá-lo passear!

(riem)

C   *É, porém essa é uma das grandes carências de hoje em dia. Arriscamo-nos a perder essa ligação intergeracional com as pessoas idosas.*

F   Ainda estamos em tempo! Estamos em tempo!

C   *Em especial nas sociedades camponesas.*

F   Ainda estamos em tempo. A idade dos pais, digamos assim, é débil. É débil porque foi enfraquecida pela cultura do bem-estar e do consumismo.

C   *O senhor diz que ainda há tempo para resolver esse problema. Penso também que a educação tem um papel fundamental nisso. Com muita frequência, as universidades são filhas daquela geração intermediária à qual o* *senhor se referia, que tem uma abordagem muito consumista e que aplicou o mesmo modelo à educação. Em seu discurso aos estudantes da Universidade de Bolonha, em 2012 (ver p. 199-206), falou da universidade como* universitas, *como algo horizontal, pois está baseada na interação com os outros, mas também vertical, por ser uma via para elevar o espírito. Bem, eu creio que teria muito a fazer nesse nível, permitindo a comunicação entre os jovens e as gerações intermediárias. Nesse contexto, o seu papel e o papel da* Laudato si' *foram fundamentais, porque, parece-me, constituíram uma ponte que permitiu o diálogo entre essas duas gerações, dando àquela geração intermediária um alfabeto comum para com os jovens. Fiquei me perguntando, então, se o senhor vê positivamente as universidades e o modelo educacional presentes hoje no mundo ocidental. Como vê tudo isso?*

F As universidades lentamente caíram no legado do iluminismo. Educar para eles pode significar encher a cabeça de conceitos, de cursos, de técnicas, mas só isso. Hoje as universidades devem retomar as três linguagens humanas: a da mente, a do coração e a das mãos. Mas em harmonia! Isto é, em relação àquilo que você pensa, que sente e que faz, você de fato sente aquilo que pensa e faz, você faz o que sente e pensa. Apenas assim a universidade irá adiante. Do contrário, formará técnicos que, talvez com o desenvolvimento, serão substituídos pela inteligência artificial, que não tem coração e não sabe fazer carinho.

C Essa é uma mensagem belíssima para a nossa universidade. Nós temos uma pequena universidade e levaremos essa mensagem fortemente a ela. Porque, além de tudo, nós abrimos um curso em uma situação difícil, em que a academia não nos reconhecia. Os "especialistas" em gastronomia nos viam como fanfarrões que comiam e bebiam e não sentíamos a exigência de conhecer agricultura, química, política, questões de poluição, de salubridade dos solos. Mas, ao contrário, o gastrônomo não é só aquele que prepara e come o prato; é quem também pensa naquilo que está atrás do prato. Tudo está conectado! Então, quando iniciamos nossa universidade, eles não nos levavam a sério. Essa reflexão das três dimensões que devem viver em harmonia é verdadeiramente necessária.

F É preciso interagir!

C Interagir, exatamente. Porque, no que diz respeito à comida, as três dimensões compõem o todo. Mãos, cabeça, coração... são tudo! Uma comida que não é a expressão do coração é o quê?

F ... é algo que uma máquina pode fazer!

C Por isso eu usarei essa ideia, se o senhor me permitir.

F O senhor use, use tudo. Quero também compartilhar com o senhor outra experiência pessoal: um grande professor de filosofia que tive – filosofia, veja bem – uma vez disse que ele qualificava e media um homem por meio da sua capacidade de brincar com crianças. Se um homem não sabe brincar com as crianças, não é maduro.

C *Isso foi dito por um filósofo?*

F Filósofo e professor de metafísica, sim. E por isso eu, como confessor, quando recebia casais que vinham se confessar, perguntava: "Quantos filhos vocês têm?". E, para aqueles que tinham medo, dizia: "E por que não têm mais?". Ou perguntava: "Vocês brincam com seus filhos?". Sempre, quando ouço a confissão de casais, um homem e uma mulher, pergunto se sabem brincar com os filhos. Ou por trabalho ou por cansaço, com frequência os pais falam "Vai, vai, vai", em vez de passar tempo com os filhos. Mas essa é a verdadeira poesia! Se um pai não for poeta, não saberá educar bem um filho; mas com essa poesia da gratuidade saberá, sim.

C *Mas me diga uma coisa, uma última coisa. A propósito de poesia: nesta* Querida Amazônia, *com a dose de poesia que nunca foi vista anteriormente em nenhum documento papal, qual foi a inspiração?*

F Sim, mas me ajudaram, hein! Eu fui aos literatos e disse "Busquem isso e aquilo...", mas há uma que consegui colocar: uma bela canção que diz "Mãe, por que o rio não canta mais?".

C *E esse seu documento,* Querida Amazônia, *é bonito de ler. Não quero dizer que os outros documentos papais não sejam belos, mas nesse o senhor é tomado pela paixão ao lê-lo. E a poesia ajuda! Faltava só a canção, o que não é ruim.*

F Sim, é uma bela canção!

C Bem, eu diria que fechamos em beleza com essas reflexões. Santo Padre, obrigado por essa conversa e pelo tempo a mim dispensado. Ainda mais a um agnóstico, como eu!

F Ora... O importante é a coerência consigo mesmo. Se é coerente, não tem problema. Os *fariseus eram incoerentes!*

C *(ri)* Va bin, va bin.*

---

* Carlo Petrini usa uma expressão no dialeto do Piemonte, em especial de Turim, que remete ao italiano *Va bene, va bene* ("Tudo bem, tudo bem"). (N. E.)

Segunda parte
CINCO TEMAS

BIODIVERSIDADE

Biodiversidade

Carlo Petrini

Minha história pessoal de ativismo e militância tem suas raízes na esquerda dos anos 1960. Tempos em que éramos amantes da ideologia, e o mundo se dividia de modo claro (e, talvez, tranquilizador) entre capitalistas e comunistas, entre opressores e oprimidos, entre ricos e pobres, entre países desenvolvidos e países em desenvolvimento. Anos turbulentos, em que cada um era fortemente instado a se posicionar, escolher um lado do campo para estar, declarar sua identidade de maneira inequívoca, muitas vezes sem uma consciência pessoal profunda. Também a espiritualidade era fagocitada nesse jogo de campos opostos, e a alternativa a ser cristão era o ateísmo mais absoluto. No meio, poucas zonas cinzentas, mas muito apreciadas.

Nós jovens de esquerda, então, tínhamos com clareza quem éramos (ou melhor, quem deveríamos ser, conforme nos diziam sem meios-termos os líderes da época) e quem eram nossos adversários. Cada um em sua própria trincheira, de tempos em tempos nos apresentávamos para a próxima batalha.

No entanto, como acontece com frequência, esse breve retrato não reconstitui de fato a complexidade de um período histórico e, sobretudo, não dá conta da humanidade de quem o atravessou ou viveu. Lembro muito bem, por exemplo, que na pequena cidade de Bra, no coração da província de Cuneo, o nosso treinamento como aspirantes a revolucionários acontecia em nada menos do que na Società San Vincenzo de' Paoli, uma associação católica de caridade. Como voluntários, ali aprendíamos sobre a militância e a organização, exercitávamos a criatividade e desenvolvíamos o nosso pensamento sobre o mundo. Naqueles anos, frequentávamos ao mesmo tempo a San Vicenzo e a Arci, o Partido da Unidade Proletária e os bares da cidade em que a Democracia Cristã dominava sem ser desafiada.

Faço essa introdução porque hoje, rindo um pouco de mim mesmo, não tenho como não pensar em como a minha formação é filha dessa mistura de pensamentos aparentemente inconciliáveis e coexistindo em um período de debates, desencontros e convivências arriscadas. A nossa identidade era construída por uma inter-relação profunda dessa diversidade. Uma biodiversidade cultural e intelectual que obrigava, a cada um de nós, identificar-se no outro, próximo ou distante que fosse; que nos impelia a buscar as razões do adversário, com toda a fadiga do acaso. Podemos dizer que o período atual não se afasta muito disso, e, na clareza das enormes mudanças sociais, tecnológicas, econômicas e políticas que ocorreram nos últimos cinquenta anos, pode-se bem partir do conceito de biodiversidade cultural para ler a contemporaneidade e, por que não, os cenários futuros.

Da mesma forma que nós, então indivíduos em formação, nos beneficiamos da possibilidade de atingir experiências humanas e culturais muitas vezes opostas, as pessoas precisam voltar a valorizar as diferenças, fazer delas seu tesouro e usá-las como base para um novo humanismo plural. O mundo está radicalmente mudado, e a "pequena" biodiversidade cultural que se podia respirar em uma cidadezinha no norte da Itália durante o *boom* econômico foi substituída por um acesso sem precedentes à variedade infinita da humanidade, com culturas, modos de viver e espiritualidade diferentes. E, no entanto, esse patrimônio inestimável vive sob constante ameaça e corre o risco de desaparecer sob os nossos olhos, engolidos por uma globalização que não conhece limites. Se de um lado esse processo colocou o mundo mais "próximo", de outro trouxe consigo o etnocentrismo e a vontade de domínio, acompanhados de uma abordagem econômica predatória, que vê a Terra e seus habitantes como um grande mercado a ser desfrutado.

Quando usamos o termo "biodiversidade" sem adjetivos, referimo-nos ao patrimônio genético presente em nosso planeta, ou mesmo à enorme variedade de organismos que vivem na Terra. Um termo que infelizmente chegou ao topo das notícias de maneira sempre mais transversal, como o emblema de um modelo de desenvolvimento e de produção humana que destrói o próprio meio ambiente que a abriga.

Segundo a FAO, a Organização das Nações Unidas para a Alimentação e a Agricultura, desde 1900 já perdemos 70% da biodiversidade agrícola, o equivalente a mais de dois terços de todas as espécies animais e vegetais historicamente usadas pelo homem para se alimentar. Em ritmo igualmente rápido, continua a erosão da biodiversidade das espécies não agrícolas e que não são criadas pelo homem, prometendo um mundo em que a pobreza genética será o traço distintivo das nossas existências. Não é por acaso que se voltou a utilizar a expressão "extinção em massa", normalmente relacionada a eras geológicas passadas (para termos uma ideia, a última aconteceu 65 milhões de anos atrás e é aquela em que os dinossauros desapareceram). Desta vez, porém, fato completamente inédito, a atividade humana é a única responsável pela tragédia. O uso indiscriminado dos recursos naturais age sobre dois canais primários: de um lado, erode os ecossistemas e ocupa espaços vitais historicamente fora do alcance do homem, tornando-os não mais adaptados à sobrevivência de algumas espécies e favorecendo os perigosos saltos de espécies, como vivenciamos de forma dramática no caso do coronavírus, originado da convivência forçada e improvisada entre espécies selvagens e domésticas; por outro lado, o modelo produtivo industrial e pós-industrial gera a emissão de uma quantidade enorme de gases de efeito estufa, o que provoca mudanças climáticas (como o aquecimento da Terra) e altera de maneira irreparável o hábitat de numerosas espécies, levando-as à extinção.

Assim, nas últimas três décadas a palavra "biodiversidade" se tornou crucial para promover um modo diferente de lidar com a relação entre a espécie humana e o ambiente que a hospeda. Perder a biodiversidade da Terra não é uma opção viável; se não ajustarmos a rota, um desastre sem precedentes nos colherá e a vítima da extinção em massa será o próprio *Homo sapiens*. Esse é o mantra de todos os movimentos e entidades ambientalistas conscientes de que a biodiversidade representa o maior patrimônio natural capaz de garantir a sobrevivência da humanidade. Não há dúvidas sobre esse ponto, e toda a comunidade científica concorda em eleger essa como a batalha do século para assegurar um futuro à nossa espécie.

Da antecessora não adjetivada, surgiu então a palavra transformada em conceito – biodiversidade cultural –, levando o termo estritamente científico para o social e indicando toda a extraordinária variedade de modos de vida do ser humano no planeta. Das línguas faladas às expressões de espiritualidade, das formas artísticas ao modo de administrar a justiça, da organização dos ritos de passagem até a gestão da troca de bens, essa nova categoria conceitual é importante na medida em que nos ajuda a analisar quanto estamos perdendo e estamos sacrificando. O modelo de desenvolvimento turbocapitalista ocidental, de fato, não só explorou de forma indiscriminada os recursos naturais como também impôs um modelo de civilização e socialização monocromático que progressivamente marginalizou e penalizou tudo aquilo que não estava completamente ajustado. Assim, grupos e povos – no início, os indígenas – que praticam um conceito diferente de comunidade, sociedade e economia viram seus espaços vitais e culturais serem reduzidos, muitas vezes de modo violento. E se perderam línguas faladas por milênios, usos e costumes, modelos de troca baseados na reciprocidade e nos presentes, abordagens equilibradas em relação à natureza. Chegou-se à cultura do descarte, com frequência citada pelo Papa, como um dos legados mais perigosos do momento histórico atual. As desigualdades sociais aumentam em todo o mundo, e a lacuna entre os poucos ricos que gozam de bem-estar econômico, liberdade de movimento, acesso à saúde e ao conhecimento, e a massa de deserdados empobrecidos e obrigados a pagar o preço mais alto, bem como o aproveitamento do homem pelo homem e as convulsões do meio ambiente, clamam por reparação.

Essa é a base da ecologia integral, amplamente discutida na encíclica *Laudato si'* e que podemos resumir na frase: "Não existe ativismo ambientalista sem ativismo social". Em essência, não será possível enfrentar de maneira efetiva as enormes questões da preservação ambiental se não a conectamos estreitamente às questões das desigualdades sociais e econômicas. Para fazê-lo, porém, é necessário voltar à fonte, ou seja, à biodiversidade cultural. Entendida não só na sua acepção semântica mas também como elemento político central, como projeto de novo humanismo, de novo paradigma a ser aceito.

Desse ponto de vista, o cenário amazônico é emblemático para nos ajudar a aprofundar o raciocínio. Nos nove países que compõem a Pan-Amazônia vivem cerca de 3 milhões de representantes dos povos originários, que englobam 390 povos e nações diferentes. A esses se juntam, segundo as estimativas, entre 110 e 130 povos isolados, que decidiram não ter contato com o mundo externo, com aquela que podemos etnocentricamente definir como "civilização". Como nos recordava o documento preparatório do Sínodo para a Amazônia, cada um desses povos representa uma identidade cultural particular, uma riqueza histórica específica e um modo peculiar de olhar a realidade e aquilo que os circunda, bem como para se relacionar com tudo isso a partir de uma visão de mundo e de pertencimento territorial específica. Esse dado de fato não é reconhecido apenas pela Igreja Católica: foi posto em preto e branco por todos os principais atores públicos e privados em nível nacional e internacional, a começar pelas Constituições de alguns países amazônicos, como Equador e Bolívia. Os povos nativos gozam de direitos peculiares nascidos da necessidade de preservar o seu modo de vida. Em alguns casos, um dos fundamentos da sua visão de mundo, o Sumak Kawsay – normalmente traduzido como "bem viver", mas rico de acepções muito mais complexas –, foi adotado por todos como modelo teórico ao qual devemos nos voltar para regenerar o equilíbrio do homem com a natureza.

Mas o fato de haver tais direitos na Constituição não garante sua concretização – nem ao menos a intenção disso – na vida real. A necessidade de novos terrenos para a agricultura, a presença de recursos minerais raros e a ânsia de grandes grupos mineradores, além da exploração das madeiras nobres, colocam em risco a sobrevivência dos povos da floresta. Muitos são os assassinatos e a violência perpetrados contra os defensores da Amazônia, que com frequência ficam impunes em razão de acobertamentos em muitos níveis.

Se essa é a difícil situação atual, é necessário ter em mente que ela vem de séculos e séculos de violência e exploração, iniciadas com as primeiras ondas colonizatórias, no século XVI, e que em grande parte nunca mais cessaram, muitas vezes com o apoio da própria Igreja Católica. Uma Igreja que, embora hoje reconheça a biodiversidade cultural como um valor, no passado promoveu um conceito de evangelização baseado no desenraizamento e na adesão forçada ao modelo ocidental clássico. Aqui chegamos a um dos fios que reconectam nossas histórias pessoais às histórias de toda a humanidade e recolocam a biodiversidade cultural no curso de algo que interroga a cada um de nós como seres humanos, filhos de uma só Mãe Terra e, portanto, irmãos de todas as outras criaturas. A cosmogonia indígena, a ideia de planeta, de natureza e de inserção dos seres humanos no interior desta, constitui uma das mais fascinantes visões de futuro de que hoje dispomos.

Uma abordagem com base em equilíbrio, conhecimento dos ciclos, sobriedade e compartilhamento e sobre uma espiritualidade capaz de ver o divino na vibração incessante do planeta.

Também a Igreja de Roma reconhece hoje a peculiaridade dessa abordagem espiritual e, com o Sínodo para a Amazônia de 2019, levou ao centro da evangelização sul-americana o respeito em relação aos indígenas. E o mundo laico, por outro lado, em que ponto está? Já contamos do drama que ainda se consome cotidianamente, em que líderes indígenas são mortos por traficantes ou especuladores de várias naturezas pela única vontade de defender seu próprio ambiente natural e a floresta. Assim, para nós, laicos, neste momento histórico de grandes crises ambientais e sociais, a abordagem indígena pode representar uma luz a ser seguida para inverter uma rota suicida. Quando a humanidade, empurrada à grande velocidade em direção ao abismo, encontrar-se obrigada (esperando que se dê conta disso antes de cair) a se virar e voltar sobre seus próprios passos, para indicar o caminho encontrará justamente os últimos, os marginalizados, os excluídos. Assim, os indígenas estarão no comando desse percurso de renascimento e liberação individual e coletiva. Eles serão capazes de nos ensinar a viver em harmonia com a Mãe Terra, a colher os frutos sem destruir as raízes, a beneficiar-se dela sem lhe infligir sofrimento.

Existe, então, um elemento a mais que deve voltar a ser patrimônio de todos os laicos e não religiosos: a espiritualidade. Por muito tempo, assentado na tradição iluminista, o Ocidente tem nutrido a ilusão de que o homem pode prescindir da espiritualidade e se guiar pela ciência, pelo progresso tecnológico, pela razão apenas. Trata-se de erro crasso, porque confundimos espiritualidade com religião e julgamos tudo que não diz respeito ao mundo material como o legado de um passado obscurantista. Assim, nos alijamos de um elemento fundamental na definição do que é humano, ou mesmo do ímpeto em direção a algo que não somos nós, um desenho universal de uma conexão entre todos os seres humanos e entre os humanos e seu ambiente. A espiritualidade é um elemento profundamente humano, que constitui a nossa essência tanto quanto a sexualidade, a vontade, o desejo, o ímpeto vital, a razão. Desse ponto de vista, estou profundamente convencido de que a estrada para construir um novo humanismo e um novo modo de habitar este planeta de irmãos não pode prescindir de um cultivo com fervor da espiritualidade. De modo particular, faço um apelo ao mundo progressista e da esquerda, que se encontra hoje com frequência "superado à esquerda" pela própria Igreja Católica que, por séculos, representou uma visão ultrapassada e conservadora do mundo. O ativismo não pode diminuir a espiritualidade, pois só com aprofundamento das conexões do indivíduo com o mundo, com a busca pelas respostas às grandes questões, poderemos de fato perceber a importância de realizar a revolução social e humana de que temos necessidade. A ecologia integral lembra que não existe ambientalismo sem ativismo social.

 A biodiversidade cultural nos ensina a ler as vivências do mundo em uma abordagem aberta e humilde, para acolher a imensidão do que podem nos ensinar os modos de viver diferentes do nosso, da diversidade como força para desenhar o nosso futuro. Ao lado dessas duas bases, espiritualidade e inteligência afetiva podem constituir as outras duas pernas capazes de sustentar a mesa de um futuro promissor e justo para todos. Penso nos inúmeros exemplos luminosos que nos rodeiam e que nos mostram que isso pode ser feito. Penso em mulheres e homens que praticam valores similares e que fizeram disso uma bandeira. Penso em José Mujica, homem de esquerda, ex-guerrilheiro, que é a expressão de uma espiritualidade profundíssima e de um ímpeto humano sem par. Penso em Nelson Mandela, que atravessou o pesadelo da repressão e do cárcere sem nunca, por um só momento, abdicar da sua fé na humanidade e na sua redenção. Penso em Olivia Arévalo Lomas, líder indígena peruana que foi morta por proteger o próprio hábitat, guiada pela convicção de que a fraternidade humana não poderá ser dobrada pelos interesses econômicos de uma multinacional. Penso em todos aqueles que, todos os dias, empenham-se em garantir assistência a uma humanidade sofrida, que é obrigada a sair de suas próprias terras e buscar um futuro para si e suas próprias famílias.

A biodiversidade cultural é preservada e adotada como um paradigma político para o futuro de todos, porque é dessa base que se pode construir um mundo digno e, finalmente, justo. Albert Einstein, que é para muitos a representação do pensamento científico e do homem da ciência, escreveu: "O homem que não tem os olhos abertos para o misterioso passará pela vida sem ver absolutamente nada". O maior mistério do nosso mundo é a pluralidade e a profundidade do ser humano.

Querida Amazônia[12]

Papa Francisco

CAPÍTULO II
UM SONHO CULTURAL

28. O objetivo é promover a Amazônia; isso, porém, não significa colonizá-la culturalmente, mas fazer de modo que ela mesma traga de si o seu melhor. Esse é o sentido da melhor obra educacional: cultivar sem desenraizar; fazer crescer sem enfraquecer a identidade; promover sem invadir. Como existem potencialidades na natureza que poderiam se perder para sempre, o mesmo pode suceder com culturas portadoras de uma mensagem ainda não ouvida e que hoje se encontram ameaçadas como nunca antes.

---

[12] Trechos da *Exortação apostólica pós-sinodal Querida Amazônia*, do Papa Francisco. Roma, 2 fev. 2020.

O poliedro amazônico

29. Na Amazônia habitam diversos povos e etnias, entre eles mais de 110 povos indígenas isolados.[13] A situação deles se encontra fragilíssima, e muitos sentem que são os últimos depositários de um tesouro destinado a desaparecer, como se lhes fosse permitido sobreviver, apenas, sem perturbar, enquanto avança a colonização pós-moderna. Temos de evitar considerá-los "selvagens não civilizados"; simplesmente criaram culturas diferentes e outras formas de civilização que antigamente registraram um nível notável de desenvolvimento.[14]

30. Antes da colonização, as áreas habitadas se concentravam às margens dos rios e lagos, mas o avanço colonizador empurrou os antigos habitantes para o interior da floresta. Hoje, a crescente desertificação obriga a novos deslocamentos, levando essas pessoas a ocupar as periferias ou as calçadas das cidades, muitas vezes em situação de miséria extrema e de dilaceração interior pela perda dos valores que as sustentavam. Nesse contexto, geralmente perdem os pontos de referência e as raízes culturais que lhes conferiam identidade e sentido de dignidade, terminando por engrossar a fila dos excluídos. Interrompe-se, assim, a transmissão cultural de uma sabedoria que atravessou séculos, de geração

---

[13] INSTRUMENTUM LABORIS. *Amazônia: novos caminhos para a Igreja e para uma ecologia integral*. *In*: Assembleia Especial do Sínodo dos Bispos para a Região Pan-Amazônica, 17 jun. de 2019.

[14] MIRANDA, E. E. de. *Quando o Amazonas corria para o Pacífico*: uma história desconhecida da Amazônia. Petrópolis: Vozes, 2007.

a geração. As cidades, que deveriam ser lugares de encontro, de enriquecimento mútuo, de fecundação entre culturas diversas, transformam-se em cenários de uma dolorosa exclusão.

31. Cada povo que conseguiu sobreviver na Amazônia possui a própria identidade cultural e uma riqueza única dentro de um universo multicultural, graças à estreita relação que os habitantes estabeleceram com o meio ambiente, em uma simbiose – não determinista – difícil de compreender por esquemas mentais externos:

Era uma vez uma paisagem que apareceu com seu rio,
os seus animais, as suas nuvens, as suas árvores.
Às vezes, porém, quando de nenhuma parte se via,
a paisagem com seu rio e suas árvores,
essas coisas apareciam na mente de um menino.[15]

Do rio, fazes o teu sangue (...).
Depois planta-te,
germina e cresce
que tua raiz
se agarre à terra
mais e mais para sempre
e, por último,
sê canoa,

---

[15] GALEANO, J. C. *Paisajes in Amazonia y otros poemas*. Bogotá: Universidad Externado de Colombia, 2011, p. 31.

barco, jangada,
solo, jarra,
estábulo e homem.[16]

32. Os agrupamentos humanos, os seus estilos de vida e a sua visão do mundo são tão variados quanto o território, pois tiveram de se adaptar à geografia e aos seus recursos. Não são iguais as aldeias de pescadores e as de caçadores, nem as aldeias de agricultores no interior e as dos que cultivam terras sujeitas a inundações. Além disso, na Amazônia encontram-se milhares de comunidades indígenas, afrodescendentes, ribeirinhas e habitantes de cidades que, por sua vez, são muito distintos entre si e abrigam uma grande diversidade humana. Deus manifesta-se, reflete algo de sua beleza inesgotável por meio de um território e das suas características, por aquilo em que os diferentes grupos, em uma síntese vital com o ambiente circundante, desenvolvem uma forma peculiar de sabedoria. Quando observamos de fora, devemos evitar generalizações injustas, discursos simplistas ou conclusões tiradas a partir de nossas estruturas mentais e experiências somente.

Preservar as raízes

33. Quero agora relembrar que "a visão consumista do ser humano, incentivada pelos mecanismos da economia globalizada atual, tende a homogeneizar as culturas e

---

[16] YGLESIAS, J. Llamado. *Revista peruana de literatura*, nº 6, jun. 2007, p. 31.

a debilitar a imensa variedade cultural, que é um tesouro da humanidade".[17] Isso toca de perto os jovens, quando se tende a "dissolver as diferenças próprias do seu lugar de origem, para transformá-los em sujeitos manipuláveis, produzidos em série".[18] Para evitar essa dinâmica de empobrecimento humano, devem-se amar as raízes e delas cuidar, porque são uma "estrutura que nos permite crescer e responder a novos desafios".[19] Convido os jovens da Amazônia, em especial os indígenas, a "encarregarem-se das raízes, porque das raízes vem a força que os faz crescer, florir, frutificar".[20] Para aqueles que são batizados, essas raízes compreendem a história do povo de Israel e da Igreja, até os dias de hoje. Conhecê-la é uma fonte de alegria e, sobretudo, de esperança, que inspira ações corajosas e nobres.

34. Durante séculos, os povos amazônicos transmitiram a sua sabedoria cultural oralmente, por meio de mitos, lendas e narrativas, como acontecia com "aqueles primitivos jograis que percorriam a floresta contando histórias de aldeia em aldeia, mantendo viva uma comunidade que, sem o cordão umbilical representado por esses contos, a distância e o isolamento, teriam se

---

[17] FRANCISCO. *Carta encíclica Laudato si'*, Roma, 24 maio 2015.
[18] FRANCISCO. *Exortação apostólica pós-sinodal Christus vivit*, Loreto, 25 mar. 2019.
[19] *Ibid.*
[20] FRANCISCO. Mensagem em vídeo para o Encontro Mundial da Juventude Indígena, Soloy, 17-21 jan. 2019. *L'Osservatore Romano*, 22 jan. 2019.

fragmentado e se dissolvido".²¹ Por isso, é importante "deixar que os anciãos contem longas histórias"²² e que os jovens se detenham a beber dessa fonte.

35. Enquanto o risco de perder essa riqueza cultural é cada vez maior, nos últimos anos – graças a Deus – alguns povos começaram a escrever para recontar as suas histórias e descrever o significado de seus costumes. Assim, eles mesmos podem reconhecer, de forma clara, que existe algo além de uma identidade étnica e que são depositários de preciosas memórias pessoais, familiares e coletivas. Alegra-me ver que aqueles que perderam o contato com as próprias raízes buscam recuperar a memória danificada. Por outro lado, nos próprios setores profissionais começou a se desenvolver uma maior percepção da identidade amazônica; também para eles, com frequência descendentes de imigrantes, a Amazônia se tornou fonte de inspiração artística, literária, musical, cultural. As várias expressões artísticas – e, em particular, a poesia – deixaram-se inspirar pela água, pela floresta, pela vida que pulsa, bem como pela diversidade cultural e pelos desafios ecológicos e sociais.

---

[21] LLOSA, M. V. Prólogo. *El hablador*. Madrid: Punto de Lectura, 2010.
[22] FRANCISCO. *Exortação apostólica pós-sinodal Christus vivit*, Loreto, 25 mar. 2019.

Encontro intercultural

36. Como em toda realidade cultural, as culturas da Amazônia profunda têm os seus limites. Também as culturas urbanas ocidentais os têm. Fatores como o consumismo, o individualismo, a discriminação e a desigualdade, entre muitos outros, constituem aspectos de fragilidade das culturas aparentemente mais evoluídas. As etnias que desenvolveram tesouros culturais em ligação com a natureza, com forte senso comunitário, nos advertem quanto às nossas sombras, que não reconhecemos em meio ao pretenso progresso. Assim, coletar a experiência delas nos fará bem.

37. A partir de nossas raízes nos sentamos à mesa comum, lugar de conversa e de esperanças compartilhadas. Desse modo, a diferença, que pode ser uma bandeira ou uma fronteira, transforma-se em uma ponte. A identidade e o diálogo não são inimigos. A própria identidade cultural se aprofunda e se enriquece no diálogo com realidades distintas, e o modo autêntico de conservá-la não é o isolamento que empobrece. Não é minha intenção propor um indigenismo completamente fechado, alheio à história, estático, que se subtrai de qualquer forma de miscigenação. Uma cultura pode se tornar estéril quando "se fecha em si mesma e busca perpetuar formas antiquadas de vida, rechaçando quaisquer mudanças e confrontos a respeito da verdade do homem".[23] Isso pode parecer pouco realista, dado que não é fácil se proteger de invasões culturais. Assim, o interesse em cuidar dos valores culturais dos grupos indígenas deveria pertencer a todos, pois a riqueza deles é também a nossa. Se não progredirmos nesse sentido de corresponsabilidade nos confrontos da diversidade que embeleza a nossa humanidade, não será possível pretender que os grupos do interior da floresta se abram, ingenuamente, à "civilização".

38. Na Amazônia, mesmo entre os vários povos originários, é possível desenvolver "relações interculturais nas quais a diversidade não representa uma ameaça, não justifica hierarquias de um poder sobre os outros, mas um diálogo a partir de visões culturais diferentes, de celebração, de inter-relacionamento e de reavivamento da esperança".[24]

Culturas ameaçadas, povos em risco

39. A economia globalizada danifica sem pudor a riqueza humana, social e cultural. A desintegração das famílias que resulta das migrações forçadas afeta a transmissão de valores, porque "a família é, e sempre foi, a instituição social que mais contribuiu para manter vivas as

---

[23] SÃO JOÃO PAULO II. *Carta encíclica Centesimus annus*, Roma, 1º maio 1991.
[24] DOCUMENTO DE APARECIDA. V Conferência Geral do Episcopado Latino-americano e do Caribe, 29 jun. 2007.

nossas culturas".²⁵ Além disso, "diante de uma invasão colonizadora maciça dos meios de comunicação", é necessário promover, para os povos originários, "comunicações alternativas a partir de suas próprias línguas e culturas", e que "os próprios indígenas se façam protagonistas nos meios de comunicação já existentes".²⁶

40. Em qualquer projeto para a Amazônia, "é necessário assumir a perspectiva dos direitos dos povos e das culturas, dando assim provas de compreender que o desenvolvimento de um grupo social (…) requer constantemente o protagonismo dos atores sociais locais a partir da sua própria cultura. Nem mesmo a noção de qualidade de vida se pode impor; em vez disso, deve ser compreendida dentro do mundo de símbolos e hábitos próprios de cada grupo humano".²⁷ Uma vez que as culturas ancestrais dos povos originários nasceram e se desenvolveram em contato estreito com o ambiente natural circundante, dificilmente podem ficar ilesas quando se deteriora esse ambiente.

Isso abre passagem ao próximo sonho.

---

²⁵ FRANCISCO. Discurso no Encontro com os Povos da Amazônia, Puerto Maldonado, 19 jan. 2018. *L'Osservatore Romano*, 25 jan. 2018.
²⁶ INSTRUMENTUM LABORIS. Assembleia Especial do Sínodo dos Bispos para a Região Pan-Amazônica, 17 jun. de 2019.
²⁷ FRANCISCO. *Carta encíclica Laudato si'*, Roma, 24 maio 2015.

CAPÍTULO IV
UM SONHO ECLESIÁSTICO

A inculturação

66. Ao mesmo tempo que anuncia sem cessar o querigma,[28] a Igreja deve crescer na Amazônia. Para isso, reconfigura a própria identidade, sempre na escuta e no diálogo com as pessoas, as realidades e as histórias do seu território. De tal modo, será desenvolvido um processo necessário de inculturação, que nada despreza do bem que já existe nas culturas amazônicas, mas o recebe e o leva à plenitude sob a luz do Evangelho.[29] E também não despreza a riqueza de sabedoria cristã transmitida ao longo dos séculos, como se pretendesse ignorar a história na qual Deus operou de várias maneiras, porque a Igreja possui um rosto pluriforme "não só de uma perspectiva espacial (...) mas também de sua

---

[28] No Novo Testamento, o anúncio do Evangelho aos não crentes.

[29] Assim o refere o Concílio Vaticano II, no nº 44 da Constituição *Gaudium et spes*, quando diz: "[A Igreja] aprendeu, desde os começos da sua história, a formular a mensagem de Cristo por meio dos conceitos e línguas dos diversos povos, e procurou ilustrá-la com o saber filosófico. Tudo isto com o fim de adaptar o Evangelho à capacidade de compreensão de todos e às exigências dos sábios. Esta maneira adaptada de pregar a palavra revelada deve permanecer a lei de toda a evangelização. Deste modo, com efeito, suscita-se em cada nação a possibilidade de exprimir a mensagem de Cristo segundo a sua maneira própria, ao mesmo tempo que se fomenta um intercâmbio vivo entre a Igreja e as diversas culturas dos diferentes povos".

realidade temporal".³⁰ Trata-se da Tradição autêntica da Igreja, que não é um depósito estático nem uma peça de museu, mas a raiz de uma árvore que cresce.³¹ É a milenar Tradição que testemunha a ação divina em seu povo e cuja "missão é mais a de manter vivo o fogo que a de conservar as suas cinzas".³²

67. São João Paulo II ensinou que a Igreja, ao apresentar a sua proposta evangélica, "não pretende negar a autonomia da cultura. Antes, pelo contrário, nutre por ela o maior respeito", porque a cultura "não é só sujeito de redenção e de elevação; pode, também, ter um papel de mediação e de colaboração".³³ E, dirigindo-se aos indígenas do continente americano, lembrou que "uma fé que não se torna cultura é uma fé não plenamente acolhida, não inteiramente pensada, nem com fidelidade vivida".³⁴ Os desafios das culturas convidam a Igreja a

---

[30] FRANCISCO. *Carta ao Povo de Deus que peregrina na Alemanha*, 29 jun. 2019.

[31] SÃO VICENTE DE LERINS. *Commonitorium primum*. Ver cap. 23: "Ut annis scilicet consolidetur, dilatetur tempore, sublimetur aetate" ("Fortalece-se com o decorrer dos anos, desenvolve-se com o andar dos tempos, cresce através das idades").

[32] FRANCISCO. *Carta ao Povo de Deus que peregrina na Alemanha*, 29 jun. 2019. Ver a expressão atribuída a Gustav Mahler: "A tradição é a salvaguarda do futuro, não a conservação das cinzas".

[33] JOÃO PAULO II. Discurso no encontro com os professores universitários e os homens de cultura, Coimbra, 15 maio 1982. *Insegnamenti*, 1982.

[34] JOÃO PAULO II. Mensagem aos indígenas do continente americano, Santo Domingo, 12 out. 1992. *Insegnamenti*, 1982. Ver discurso aos participantes do I Congresso Nacional do Movimento Eclesial de Empenho Cultural, 16 jan. 1982. *Insegnamenti*, 1982.

"uma atitude de prudente senso crítico, mas também de atenção e confiança".[35]

68. Vale a pena lembrar aqui o que afirmei na exortação *Evangelii gaudium* a propósito da inculturação: esta se baseia na convicção de que "a graça supõe a cultura, e o dom de Deus encarna-se na cultura de quem o recebe".[36] Notemos que isso implica um duplo movimento: por um lado, uma dinâmica de fecundação que permite expressar o Evangelho em um lugar concreto, pois "quando uma comunidade acolhe o anúncio da salvação, o Espírito Santo fecunda a sua cultura com a força transformadora do Evangelho";[37] por outro, a própria Igreja vive um percurso receptivo, que a enriquece com aquilo que o Espírito já tinha misteriosamente semeado naquela cultura. Desse modo, "o Espírito Santo embeleza a Igreja, mostrando-lhe novos aspectos da Revelação e presenteando-a com um novo rosto".[38] Trata-se, em última instância, de permitir e incentivar que o anúncio do Evangelho inexaurível, comunicado "com categorias próprias da cultura em que é anunciado, provoque uma nova síntese com essa cultura".[39]

---

[35] SÃO JOÃO PAULO II. *Exortação apostólica pós-sinodal Vita consecrata*, Roma, 25 mar. 1996.
[36] FRANCISCO. *Exortação apostólica Evangelii gaudium*, Roma, 24 nov. 2013, nº 115.
[37] *Ibid.*, nº 116.
[38] *Ibidem*.
[39] *Ibid.*, nº 129.

69. Por isso, "como podemos ver na história da Igreja, o cristianismo não dispõe de um único modelo cultural",⁴⁰ "não faria justiça à lógica da encarnação pensar em um cristianismo monocultural e monocórdico".⁴¹ Entretanto, o risco dos evangelizadores que chegam a um lugar é julgar que devem não só comunicar o Evangelho mas também a cultura em que cresceram, esquecendo que não se trata de "impor uma determinada forma cultural, por mais bela e antiga que seja".⁴² É necessário aceitar corajosamente a novidade do Espírito capaz de criar sempre algo de novo com o tesouro inesgotável de Jesus Cristo, porque "a inculturação empenha a Igreja em um caminho difícil, mas necessário".⁴³ É verdade que, "embora esses processos sejam sempre lentos, às vezes o medo paralisa-nos demasiado" e acabamos como "espectadores de uma estagnação estéril da Igreja".⁴⁴ Não tenhamos medo, não cortemos as asas ao Espírito Santo.

Caminhos de inculturação na Amazônia

70. Para conseguir uma renovada inculturação do Evangelho na Amazônia, a Igreja precisa escutar a sua sabedoria ancestral, voltar a dar voz aos idosos,

---

⁴⁰ *Ibid.*, nº 116.
⁴¹ *Ibid.*, nº 117.
⁴² *Ibidem*.
⁴³ SÃO JOÃO PAULO II. Discurso à Assembleia Plenária do Pontifício Conselho para a Cultura, 17 jan. 1987. *Insegnamenti*, 1987.
⁴⁴ FRANCISCO. *Exortação apostólica Evangelii gaudium*, Roma, 24 nov. 2013, nº 129.

reconhecer os valores presentes no estilo de vida das comunidades nativas, recuperar a tempo as preciosas narrações dos povos. Na Amazônia, já recebemos riquezas que provêm das culturas pré-colombianas, "como a abertura à ação de Deus, o sentido da gratidão pelos frutos da terra, o caráter sagrado da vida humana e a valorização da família, o sentido de solidariedade e a corresponsabilidade no trabalho comum, a importância do cultual, a crença em uma vida para além da terrena e tantos outros valores".[45]

71. Neste contexto, os povos indígenas da Amazônia expressam a autêntica qualidade de vida como um "bem viver", que implica uma harmonia pessoal, familiar, comunitária e cósmica e manifesta-se no seu modo comunitário de conceber a existência, na capacidade de encontrar alegria e plenitude em uma vida austera e simples, bem como no cuidado responsável da natureza que preserva os recursos para as gerações futuras. Os povos aborígenes podem ajudar-nos a descobrir o que é uma sobriedade feliz e, nesta linha, "têm muito para nos ensinar".[46] Sabem ser felizes com pouco, gozam dos pequenos dons de Deus sem acumular tantas coisas, não destroem sem necessidade, preservam os ecossistemas e reconhecem que a terra, ao mesmo tempo que se oferece para sustentar a sua vida, como uma fonte

---

[45] DOCUMENTO DE SANTO DOMINGO. IV Conferência Geral do Episcopado Latino-Americano e do Caribe, 12-28 out. 1992.
[46] FRANCISCO. *Exortação apostólica Evangelii gaudium*, Roma, 24 nov. 2013, nº 198.

generosa, tem um sentido materno que suscita respeitosa ternura. Tudo isso deve ser valorizado e recebido na evangelização.[47]

72. Enquanto lutamos por eles e com eles, somos chamados "a ser seus amigos, a escutá-los, a compreendê-los e a acolher a misteriosa sabedoria que Deus nos quer comunicar por meio deles".[48] Os habitantes das cidades precisam apreciar essa sabedoria e deixar-se "reeducar" quanto ao consumismo ansioso e ao isolamento urbano. A própria Igreja pode ser um veículo capaz de ajudar essa recuperação cultural, em uma válida síntese com o anúncio do Evangelho. Além disso, torna-se instrumento de caridade, na medida em que as comunidades urbanas não são apenas missionárias no seu ambiente mas também acolhedoras dos pobres que chegam do interior acossados pela miséria. Igualmente o é à medida que as comunidades estejam próximas dos jovens migrantes para os ajudarem a se integrar na cidade sem cair nas suas redes de degradação. Tais ações eclesiais, que brotam do amor, são caminhos valiosos dentro de um processo de inculturação.

73. Mas a inculturação eleva e dá plenitude. Sem dúvida, há que apreciar essa espiritualidade indígena da interconexão e interdependência de tudo o que foi criado, espiritualidade de gratuidade que ama a vida

---

[47] CARDEAL RATZINGER. *Diálogos sobre a fé apresentados por Vittorio Messori*. Lisboa: Verbo, 2005.
[48] FRANCISCO. *Exortação apostólica Evangelii gaudium*, Roma, 24 nov. 2013, nº 198.

como dom, espiritualidade de sacra admiração perante a natureza que nos preenche com tanta vida. Apesar disso, trata-se também de conseguir que essa relação com Deus presente no cosmo se torne cada vez mais uma relação pessoal com um "Tu", que sustenta a própria realidade e lhe quer dar um sentido, um "Tu" que nos conhece e ama:

> *Flutuam sombras de mim, madeiras mortas.*
> *Mas a estrela nasce sem censura*
> *sobre as mãos deste menino, especialistas*
> *que conquistam as águas e a noite.*
> *Bastar-me-á saber*
> *que Tu me conheces*
> *inteiramente, ainda antes dos meus dias.*[49]

74. De igual modo, a relação com Jesus Cristo, verdadeiro Deus e verdadeiro homem, libertador e redentor, não é inimiga dessa visão do mundo marcadamente cósmica que caracteriza esses povos, porque Ele é também o Ressuscitado que penetra todas as coisas.[50] Segundo a experiência cristã, "todas as criaturas do universo material encontram o seu verdadeiro sentido no Verbo encarnado, porque o Filho de Deus incorporou na sua

---

[49] CASALDÁLIGA, Pedro. Carta de navegar (pelo Tocantins amazônico). *In*: *El tiempo y la espera*. Santander: Sal Terrae, 1986.

[50] Como explica São Tomás de Aquino, "a maneira como Deus está nas coisas é tríplice: uma é comum, por essência, presença e poder; outra, pela graça nos seus santos; a terceira, singular de Cristo, pela união" (*Ad Colossenses*, c. II, lectio 2).

pessoa parte do universo material, em que introduziu uma semente de transformação definitiva".[51] Ele está, gloriosa e misteriosamente, presente no rio, nas árvores, nos peixes, no vento, enquanto é o Senhor que reina sobre a criação sem perder as suas chagas transfiguradas e, na Eucaristia, assume os elementos do mundo dando a cada um o sentido do dom pascal.

Inculturação social e espiritual

75. Essa inculturação, atendendo à situação de pobreza e abandono de tantos habitantes da Amazônia, deverá necessariamente ter um timbre marcadamente social e caracterizar-se por uma defesa firme dos direitos humanos, fazendo resplandecer o rosto de Cristo que "quis, com ternura especial, identificar-se com os mais frágeis e pobres".[52] Pois, "a partir do coração do Evangelho, reconhecemos a conexão íntima que existe entre evangelização e promoção humana",[53] e isto exige das comunidades cristãs um claro empenho com o Reino de justiça na promoção dos descartados. Para isso, é sumamente importante uma adequada formação dos agentes pastorais na doutrina social da Igreja.

76. Ao mesmo tempo, a inculturação do Evangelho na Amazônia deve integrar melhor a dimensão social com

---

[51] FRANCISCO. *Carta encíclica Laudato si'*, Roma, 24 maio 2015.
[52] DOCUMENTO DE PUEBLA. III Conferência Geral do Episcopado Latino-Americano e do Caribe, 23 mar. 1979.
[53] FRANCISCO. *Exortação apostólica Evangelii gaudium*, Roma, 24 nov. 2013, nº 178.

a espiritual, para que os mais pobres não tenham necessidade de ir buscar fora da Igreja uma espiritualidade que dê resposta aos anseios da sua dimensão transcendente. Naturalmente, não se trata de uma religiosidade alienante ou individualista, que faça calar as exigências sociais de uma vida mais digna, mas também não se trata de mutilar a dimensão transcendente e espiritual como se bastasse ao ser humano o desenvolvimento material. Isso nos convida não só a combinar as duas coisas mas também a ligá-las intimamente. Desse modo, resplandecerá a verdadeira beleza do Evangelho, que é plenamente humanizadora, dá plena dignidade às pessoas e aos povos, preenche o coração e a vida inteira.

A convivência ecumênica e inter-religiosa

106. Em uma Amazônia plurirreligiosa, os crentes precisam encontrar espaços para dialogar e atuar juntos pelo bem comum e pela promoção dos mais pobres. Não se trata de nos tornarmos todos mais volúveis nem de escondermos as convicções próprias que nos apaixonam para poder nos encontrar com outros que pensam de maneira diferente. Se uma pessoa acredita que o Espírito Santo pode agir no diverso, então procurará deixar-se enriquecer com essa luz, mas a acolherá dentro das suas próprias convicções e da sua própria identidade. Quanto mais profunda, sólida e rica for uma identidade, mais enriquecerá os outros com a sua contribuição única.

107. Nós, católicos, possuímos um tesouro nas Escrituras Sagradas que outras religiões não aceitam, embora às vezes sejam capazes de lê-las com interesse e, inclusive, apreciar alguns dos seus conteúdos. Algo semelhante fazemos com os textos sagrados de outras religiões e comunidades religiosas, nos quais se encontram "preceitos e doutrinas que (...) refletem não raramente um raio da verdade que ilumina todos os homens".[54] Temos também uma grande riqueza nos sete sacramentos, os quais algumas comunidades cristãs não aceitam na sua totalidade ou com idêntico sentido. Ao mesmo tempo que acreditamos firmemente em Jesus como único Redentor do mundo, cultivamos uma profunda devoção à sua Mãe. Embora saibamos que isso não se verifica em todas as confissões cristãs, sentimos o dever de comunicar à Amazônia a riqueza desse ardente amor materno do qual nos sentimos depositários. De fato, terminarei esta exortação com algumas palavras dirigidas a Maria.

108. Nada disso teria de nos tornar inimigos. Em um verdadeiro espírito de diálogo, nutre-se a capacidade de entender o sentido daquilo que o outro diz e faz, embora não se possa assumi-lo como uma convicção própria. Desse modo, torna-se possível ser sincero, sem dissimular o que acreditamos nem deixar de dialogar, procurar pontos de contato e, sobretudo, trabalhar e lutar juntos pelo bem da Amazônia. A força do que une

---

[54] *Declaração sobre as relações da Igreja com as religiões não cristãs Nostra aetate.* Concílio Vaticano II, 1962-1965.

a todos os cristãos tem um valor imenso. Prestamos tanta atenção ao que nos divide que, às vezes, já não apreciamos nem valorizamos o que nos une. E isso que nos une é o que nos permite estar no mundo sem sermos devorados pela imanência terrena, o vazio espiritual, o cômodo egocentrismo, o individualismo consumista e autodestrutivo.

ECONOMIA

Economia

Carlo Petrini

Às 8h45 da manhã de 24 de abril de 2013, em Savar – um distrito periférico de Daca, capital de Bangladesh –, desabou o Rana Plaza, prédio de oito andares que abrigava diversas empresas, um banco e, sobretudo, confecções que abasteciam grandes marcas de moda norte-americanas e europeias. Algumas rachaduras preocupantes na estrutura haviam sido registradas nos dias anteriores, motivo pelo qual no momento do colapso o banco e as outras empresas já tinham sido evacuados e estavam fechados. As confecções, porém, funcionavam a pleno vapor: não podiam paralisar a produção sob pena de perder os prazos de entrega previstos em contrato. No desabamento do Rana Plaza morreram 1.134 pessoas, com prevalência de mulheres: um dos maiores desastres industriais da história. Entre os corpos retirados dos escombros havia os de algumas crianças, que estavam no edifício porque as mães não tinham onde deixá-las. Assim, utilizavam um pequeno espaço concedido pelas empresas para "depositar" os filhos. Como viemos a saber nas investigações que se seguiram ao "incidente", os trabalhadores e trabalhadoras dessas fábricas recebiam um salário inferior a 100 dólares mensais por turnos que, com frequência, chegavam a doze horas ao dia – às vezes, a dezesseis horas diárias. Meses depois, em 1º de dezembro do mesmo ano, em Prato, um dos distritos de excelência da manufatura têxtil italiana, um incêndio iniciado na confecção Teresa Moda provocou a morte de sete operários chineses que lá trabalhavam. Também nesse caso as perguntas levaram a algumas descobertas desconcertantes. Os trabalhadores não estavam devidamente registrados, recebiam menos de 3 euros por hora e não contavam com benefícios nem qualquer tipo de seguro. As vítimas haviam sido pegas de surpresa porque viviam no próprio galpão onde trabalhavam, em um canto. Além de não conseguirem uma situação melhor, os turnos massacrantes não lhes permitiam que se afastassem da fábrica. Alguns colchões no chão e uma cozinha de acampamento constituíam o dito alojamento de onze pessoas, incluindo os dois gestores do estabelecimento, que conseguiram escapar e se salvaram. Também ali as condições desumanas de vida e de trabalho eram ditadas pela necessidade de não se perderem comissões de importantes empresas da moda mundial, cujas marcas são conhecidas e cobram preços altos em qualquer canto do planeta.

No caso de Bangladesh, sete anos depois do evento ficou determinado que a empresa deveria pagar à família de cada vítima a quantia de 200 dólares, a título de indenização (200 dólares!), desde que a família fornecesse uma prova para identificar o parente morto por exame de DNA. Muitas das marcas que contratavam os serviços das confecções se recusaram por anos a contribuir para o fundo de ressarcimento, sob a alegação de que essa responsabilidade recaía exclusivamente sobre os proprietários e gestores das fábricas; elas, as contratantes, não tinham como saber de que modo seus fornecedores atuavam. Os protestos dos trabalhadores bengaleses de tecidos nos meses seguintes foram reprimidos com violência pela polícia; o único avanço conquistado foi a assinatura de um protocolo de segurança segundo o qual também as empresas contratantes (não todas, porque muitas não assinaram nunca) se comprometiam a inspecionar padrões mínimos de condições de trabalho. No caso de Prato, houve algumas condenações pelo Judiciário, e investigações jornalísticas recentes revelaram situações semelhantes de exploração e de insegurança a que estavam expostos os trabalhadores italianos da fabricação de calçados em Verona e em Nápoles e do setor florentino de curtume. A conclusão a que chego é de que a questão não tem a ver com a origem étnica, mas com o modelo produtivo em vigor.

Mudamos de cenário. No início de 2012, uma reportagem do *Shanghai Evening Post* chamou a atenção do mundo: vídeos feitos de forma oculta na Foxconn, multinacional baseada no sul da China e uma das principais fornecedoras da Nokia, da Amazon, da Microsoft e da Apple (para a qual produz componentes e monta iPhones), mostraram uma situação desoladora: trabalhadores obrigados a turnos massacrantes de até dezesseis horas diárias em precárias condições de higiene e segurança. Uma das gravações flagrou alguns operários literalmente caindo de sono sobre a linha de montagem, destruídos por aquilo que não tem outro nome senão exploração de trabalho escravo. O caso virou um escândalo; a Apple se desculpou e se comprometeu a exigir de seus fornecedores respeito aos padrões de segurança. Dois anos depois, a BBC voltou à fábrica para verificar, sempre escondida, o que havia sido feito. Em resumo, nada. Muitos funcionários eram estagiários obrigados a trabalhar sob a ameaça de não conseguirem pegar o diploma, a remuneração se mantinha miserável e foram revelados casos de operários que se atiraram do prédio, vencidos pelo estresse. Pouquíssimos aceitaram falar, por medo de represálias. Também aqui, a competição acirrada para conseguir as encomendas dos colossos da tecnologia não permitia passos em falso, atraso ou demora. A empresa instalou redes para evitar os suicídios, e a lógica não mudou: o que conta é produzir muito, com velocidade e ao custo mais baixo possível; a pena é de que o pedido do cliente possa ir para qualquer outro concorrente e o trabalho desapareça de vez. Se na China o custo da produção aumenta, leva-se para o Vietnã, para o Camboja ou para a Indonésia.

 Eu poderia citar muitas outras histórias em outras áreas. Da produção de cimento à dos metais; da indústria plástica às mineradoras. Uma, reedição da outra.

 A minha vida sempre girou em torno da comida. No começo, por puro prazer; depois, por paixão e trabalho; e, então, para o ativismo. A comida é um universo quase infinito de conexões, de referências, de concatenações e de influências entre âmbitos completamente diferentes, que pede um aprofundamento contínuo, ainda que não possa nunca ser compreendido em sua totalidade. Afinal, não é tão estranho: nutrir-se foi a preocupação e a necessidade iniciais de qualquer ser humano (melhor ainda, de qualquer ser vivente) sobre a Terra, e o acesso a esse bem precioso sempre condicionou os comportamentos individuais, em primeiro lugar, e, depois, os sociais. Em suma, nada de novo: essencial e insubstituível, a comida é o que nos mantém vivos e, portanto, é a chave de muitas outras portas, ainda que nem sempre consigamos nos dar conta.

Nos últimos dois séculos, não por acaso, perdemos a consciência de modos de vida marcados por uma cadeia de produção. Obter o alimento tornou-se cada vez mais fácil, um movimento que experimentou uma aceleração sem precedentes após a Segunda Guerra Mundial. Não apenas a exigência de colocar a comida à mesa foi se tornando menos urgente como também os processos produtivos e o percurso do campo para a mesa gradativamente se perderam em caminhos sinuosos, nos quais é extremamente complexo reconectar suas etapas de modo orgânico. Além disso, nem mesmo a produção alimentar, a mais essencial de todas, consegue escapar à lógica da exploração predatória. Assim, o próprio fato de não mais sentirmos a necessidade cotidiana de obter comida (basta ir ao primeiro supermercado para encontrarmos de tudo facilmente e com custo baixo) contribuiu para piorar as condições de todo o setor, premiando só aquelas poucas mãos que são capazes de concentrar um grande poder. No próximo capítulo, relativo aos imigrantes, enfrentaremos a questão da contratação, mas, além da exploração do trabalho, devemos considerar a destruição ambiental, a monocultura que erode a biodiversidade e os contratos de cabresto que muitas vezes obrigam criadores e fazendeiros a trabalharem no prejuízo. A comida é a representação de que algo não vai bem.

Estamos diante de um problema estrutural que exige mais do que uma ação limitada a resolver críticas individuais. O sistema econômico deixou de ser o instrumento de emancipação e desenvolvimento humano que foi capaz de garantir progresso e bem-estar nas sociedades ocidentais (atenção, apenas nas que puderam contar com vantagem competitiva graças, também, à colonização e à neocolonização). Os *millennials* serão os primeiros representantes, na história, de uma geração que estará pior que a de seus pais, isso nos apontam as estatísticas. Para usar as palavras ditas pelo Papa Francisco na Expo 2015, em Milão, "esta economia mata". Entre os exemplos, os 1.134 operários de Savar, assim como os sete de Prato ou as dezenas da Foxconn.

A época em que vivemos foi definida por muitos estudiosos com o adjetivo "pós-ideológica". Um termo escorregadio, porque indica que a contraposição histórica entre dois sistemas econômicos foi definitivamente superada com a queda do Muro de Berlim, em 1989, e com o colapso da União Soviética. Substancialmente, dá-se por certo que hoje não mais exista contraposição: um dos sistemas parece ter vencido, afirmando-se como o "melhor modelo possível" de estrutura para nossas comunidades. Entendemos que não se fala aqui só de uma maneira de gerir a economia, mas de uma estrutura social completa.

Diante dessa premissa, existem apenas dois caminhos: aceitá-la assim, como é, ou se perguntar se é efetivamente verdadeira. Eu creio que esteja à vista de todos que esse não é de fato o melhor dos mundos possíveis; então, devemos continuar a buscá-lo. Falar da superação do sistema atual pode talvez parecer pouco mais do que um exercício teórico de velhos decrépitos (categoria na qual estou plenamente à vontade), mas é aqui mesmo – no hoje – que esse jogo deve ser jogado. O modo como vivemos, adquirimos nossos bens, levamos nossas relações na internet baseia-se em um sistema que, por força das coisas, tem na outra face da moeda que está sob a cadeia produtiva um contexto de exploração e de violência. Por isso, é tão mais importante elaborar novos paradigmas que tentem reconstruir um mundo digno, sustentável e que traga dignidade para todos. Um mundo capaz de garantir, a toda a humanidade, o necessário para viver, para educar seus filhos e para cultivar as próprias inclinações pessoais. Não se trata de propor novamente esquemas que já demonstraram sua ineficácia e sua incapacidade de emancipar as pessoas, mas de recuperar ideias de igualdade, de fraternidade universal e de solidariedade, que não morrerão nunca enquanto nesse planeta existirem pessoas que sofrem. Porque a contradição em que vivemos é a de que os últimos, os sofredores, os pobres, em vez de diminuir, estão aumentando, no mesmo ritmo dos enormes patrimônios dos bilionários.

A discussão dentro do governo e do país sobre a possibilidade de ao menos conceder residência definitiva aos imigrantes que trabalhavam no campo foi algo que me impressionou muito durante os períodos de maior gravidade da pandemia de Covid-19. Todo o debate se voltou para o fato de que essa força de trabalho é necessária para trazer frutas e verduras para nossa mesa e, no entanto, a provisão da regularização era necessária por uma mera razão econômica e produtiva: se não empregassem os imigrantes, quem colheria nossos tomates? Será possível que nos tenham reduzido a pensar que uma pessoa só tem o direito de existir de maneira oficial sobre o nosso território enquanto tiver uma utilidade econômica direta, considerada por quem detém o poder de conceder esse direito? Mas ainda pouquíssimos discutiram esse esquema, e a provisão por fim passou (mas apenas como uma concessão temporária), criando até o risco de o governo cair e alimentando rumores de desdém da oposição, sem contar as torrentes de ódio e de violência que correram pelas mídias sociais. Diante dessa Itália, é hora de pôr em discussão também nossos valores e nossas convicções como cidadãos.

A terrível experiência da pandemia nos oferece uma oportunidade para repensarmos. Neste período difícil, vimos como as calamidades naturais não nos golpeiam de forma igual e como, por outro lado, mais uma vez, quem está no topo da pirâmide social tem infinitamente mais instrumentos de resiliência do que quem ocupa a base. O que fazer então? O primeiro passo para equilibrar esse quadro seria ao menos não tentar usar novamente instrumentos que já se demonstraram pouco efetivos.

Os exemplos que usei no começo deste capítulo nos mostram uma longa lista de produtos que para nós, ocidentais, tornaram-se baratos e facilmente acessíveis, mas que na realidade escondem custos sociais inaceitáveis. Poder-se-ia partir daí, pôr em discussão um sistema que quer consumidores estupidificados pela publicidade e prontos para mergulhar novamente em um vórtice de compras, sem se perguntar sobre o estado de saúde da cadeia de produção, sobre a proveniência dos produtos, sobre o exército de escravos que os produz. Esse discurso vale para todos os campos, não apenas para aqueles estritamente econômicos. Aqui está o ponto: talvez tenha chegado o momento de um verdadeiro salto antropológico. O economista inglês John Stuart Mill cunhava, no século XIX, o conceito de *Homo oeconomicus* para indicar o sujeito impulsionado exclusivamente pela maximização do próprio interesse privado. Uma expressão que nasceu no curso da Segunda Revolução Industrial e que moldou efetivamente o modo como, dali em diante, se abordou o comportamento humano. Acabamos por nos considerar como *homini oeconomici*, a orientar nossas ações e nossos pensamentos com base naquela definição. Passaram-se dois séculos e agora é o momento de fazer nascer um novo paradigma, com o qual todos nos identificaremos:

o *Homo comunitarius*. É necessário reconstruir antes de tudo nós mesmos, dar um "reset" em nossas categorias de pensamento para nos sintonizarmos novamente em uma onda de emancipação e bem-estar para toda a comunidade humana.

Vivemos em um mundo onde ninguém se espanta se um *top manager* da empresa ou um jogador de futebol recebem até mil vezes mais do que ganha um professor com um contrato de horas, onde o agricultor que planta café fica com menos de 10% do valor de mercado do produto moído, onde a precarização do trabalho e a erosão de décadas das despesas públicas continuam a atingir as categorias mais vulneráveis da população, expondo-as ao risco de pagar um preço sempre mais alto, qualquer que seja a crise da vez. Tudo isso nos parece normal, um incidente de percurso sobre a estrada do progresso. Mas o tão perseguido progresso está devastando a nossa casa comum e as nossas relações, deixa-nos nervosos e com medo, empurra-nos para o isolamento e a desconfiança. Uma sociedade com tais desigualdades de base não tem futuro.

Eis que então o *Homo comunitarius* inverte a escala dos valores que o movem, é orientado pela solidariedade e não pela competição, pensa e age partindo do pressuposto de que são os mais frágeis quem devem dar o ritmo do grupo e não o inverso, que as relações são centrais para a existência e que os bens essenciais devem ser garantidos a todos e administrados como bens comuns, que, somados aos bens relacionais, tornam-se então as bases de uma nova estrutura organizativa e de poder, pondo fim de uma vez por todas à tirania dos mercados financeiros e das bolsas de valores. É possível tomar um caminho como esse, acelerando um processo de transformação que vá na direção da luta implacável contra o desperdício, da pesquisa de energias renováveis e não impactantes em nível ambiental, da limitação dos consumos desnecessários, da subtração do domínio das trocas monetárias dos aspectos sempre mais amplos das nossas existências. Nesses meses difíceis, vimos o nascimento e o desenvolvimento de tantas iniciativas positivas nesse sentido, daqueles que ficaram em casa e se disponibilizaram para cuidar das crianças de quem devia trabalhar, daqueles que criaram produções domésticas que certamente não pararam conforme a emergência se redimensionou, até numerosas iniciativas de voluntariado, assistência, participação e solidariedade.

Escuta e generosidade, valorização e inteligência afetiva, diálogo e reciprocidade devem ser considerados elementos centrais de um novo sistema econômico, e não caprichos de almas bondosas. Um sistema econômico que recupera o sentido profundo da palavra, que nasce para identificar o cuidado da casa. A nossa casa comum é de responsabilidade de todos e de cada um para mantê-la limpa, acolhedora e próspera para todos aqueles que a habitam hoje e os que a habitarão amanhã.

Em uma conferência muito conhecida que proferiu, o ex-presidente do Uruguai, José Mujica, voltou mais de uma vez a um conceito muito simples e poderoso, que adotou como sua filosofia de vida: "Estamos no mundo para sermos felizes, não para possuirmos objetos. Obtemos os objetos que adquirimos com o tempo de trabalho que empregamos para ganhar o dinheiro necessário para comprá-lo. Mas o que vale mais do que o nosso tempo?". Do nosso tempo deriva também e sobretudo a nossa possibilidade de usufruir daqueles bens relacionais que em um contexto turbocapitalista são os primeiros a serem sacrificados. De que falamos? Os bens relacionais são as externalidades positivas (ou negativas, no caso de males relacionais) que surgem das relações das quais somos atores.

Trata-se de bens como a amizade, a confiança, a cooperação, a reciprocidade, as virtudes sociais, a coesão social, a solidariedade e a paz. E não apenas isso. Nessa categoria entram também relações (e, portanto, bens) mais complexas e articuladas, como o clima de trabalho nas empresas, o senso de segurança ou insegurança na cidade em que vivemos, as relações entre família e trabalho. A tentação é de pensar que isso se encontra no campo da poesia ou da utopia, mas não é assim: diversos economistas contemporâneos, de Leonardo Becchetti a Pierpaolo Donati, passando por toda a escola de economia civil, confirmam que os bens relacionais têm importantes consequências econômicas, além das sociais. Os bens relacionais são também bens comuns, porque não pertencem aos indivíduos, mas podem ser usufruídos apenas no conjunto dos membros da relação e são indivisíveis, no sentido de que existem apenas no momento em que a relação ocorre, é compartilhada ou participada. Não se pode vender nem comprar, apenas cultivar e proteger. Dos bens relacionais depende por isso a própria identidade pessoal e social dos indivíduos, enquanto a teoria do *Homo oeconomicus* nos convenceu de que a identidade das pessoas era exclusivamente fruto das próprias escolhas individuais. Por que então não experimentar redesenhar as nossas comunidades e toda a sociedade?

Para Marx, as relações de produção eram a estrutura sobre a qual se dava toda a arquitetura social. Se colocamos no centro do nosso horizonte os bens comuns e os bens relacionais, podemos talvez começar novamente e esperar entrever a luz no fim do túnel.

Evangelii gaudium[55]

Papa Francisco

ALGUNS DESAFIOS DO MUNDO ATUAL

52. A humanidade vive neste momento um ponto de inflexão histórico, que podemos constatar nos progressos que se verificam em vários campos. São louváveis os sucessos que contribuem para o bem-estar das pessoas; por exemplo, no âmbito da saúde, da educação e da comunicação. Todavia não podemos esquecer que a maior parte dos homens e mulheres do nosso tempo vive o seu dia a dia precariamente, com funestas consequências. Aumentam algumas doenças. O medo e o desespero apoderam-se do coração de inúmeras pessoas, mesmo nos chamados países ricos. A alegria de viver frequentemente se desvanece; crescem a falta de respeito e a violência, a desigualdade social torna-se cada vez mais patente. É preciso lutar para viver, e muitas vezes viver com pouca dignidade. Essa mudança de época foi causada pelos enormes saltos qualitativos, quantitativos,

---

[55] Trechos da *Exortação apostólica Evangelii gaudium*, do Papa Francisco. Roma, 24 nov. 2013.

velozes e acumulados que se verificam no progresso científico, nas inovações tecnológicas e nas suas rápidas aplicações em diversos âmbitos da natureza e da vida. Estamos na era do conhecimento e da informação, fonte de novas formas de um poder muitas vezes anônimo.

Não a uma economia da exclusão

53. Assim como o mandamento "não matarás" põe um limite claro para assegurar o valor da vida humana, assim também hoje devemos dizer "não a uma economia da exclusão e da desigualdade social". Essa economia mata. Não é possível que a morte por congelamento de um idoso desabrigado não seja notícia, enquanto o é a queda de dois pontos na Bolsa. Isso é exclusão. Não se pode tolerar mais o fato de se jogar comida no lixo, quando há pessoas que passam fome. Isso é desigualdade social. Hoje, tudo entra no jogo da competitividade e da lei do mais forte, em que o poderoso engole o mais fraco. Em consequência dessa situação, grandes massas da população veem-se excluídas e marginalizadas: sem trabalho, sem perspectivas, em um beco sem saída. O ser humano é considerado, em si mesmo, como um bem de consumo que se pode usar e depois jogar fora. Assim teve início a cultura do "descartável", que aliás chega a ser promovida. Já não se trata simplesmente do fenômeno de exploração e de opressão, mas de uma realidade nova: com a exclusão, fere-se, na própria raiz, a pertença à sociedade na qual se vive, pois quem vive nas favelas, na periferia ou sem poder já não está nela, mas fora. Os excluídos não são "explorados", mas resíduos, "sobras".

54. Nesse contexto, alguns ainda defendem as teorias da "queda favorável", que pressupõem que cada crescimento econômico, favorecido pelo livre mercado, consegue produzir por si só uma maior equidade e inclusão social no mundo. Essa opinião, que nunca foi confirmada pelos fatos, expressa uma crença vaga e ingênua na bondade daqueles que detêm o poder econômico e nos mecanismos sacralizados do sistema econômico que impera. Entretanto, os excluídos continuam a esperar. Para se poder apoiar um estilo de vida que exclui os outros ou mesmo entusiasmar-se com esse ideal egoísta, desenvolveu-se uma globalização da indiferença. Quase sem nos dar conta, tornamo-nos incapazes de nos compadecer ao ouvir os clamores alheios, já não choramos à vista do drama dos outros nem nos interessamos por cuidar deles, como se tudo fosse uma responsabilidade de outrem, que não nos incumbe. A cultura do bem--estar anestesia-nos, a ponto de perdermos a serenidade se o mercado oferece algo que ainda não compramos, enquanto todas essas vidas ceifadas por falta de possibilidades nos parecem um mero espetáculo que não nos incomoda de forma alguma.

Não à nova idolatria do dinheiro

55. Uma das causas dessa situação está na relação que estabelecemos com o dinheiro, pois aceitamos pacificamente o seu predomínio sobre nós e sobre as nossas sociedades. A crise financeira que atravessamos nos faz esquecer de que na sua origem há uma crise antropológica profunda: a negação da primazia do ser humano. Criamos novos ídolos. A adoração do antigo bezerro de ouro (Ex 3,1-35) encontrou uma nova e cruel versão no fetichismo do dinheiro e na ditadura de uma economia sem rosto e sem um objetivo verdadeiramente humano. A crise mundial, que investe as finanças e a economia, põe a descoberto os seus próprios desequilíbrios e sobretudo a grave carência de uma orientação antropológica que reduz o ser humano apenas a uma de suas necessidades: o consumo.

56. Enquanto os lucros de poucos crescem exponencialmente, os da maioria situam-se cada vez mais longe do bem-estar daquela minoria feliz. Tal desequilíbrio provém de ideologias que defendem a autonomia absoluta dos mercados e a especulação financeira. Por isso, negam o direito de controle dos Estados, encarregados de velar pela tutela do bem comum. Instaura-se assim uma nova tirania invisível, às vezes virtual, que impõe, de forma unilateral e implacável, as suas leis e as suas regras. Além disso, a dívida e os respectivos juros afastam os países das possibilidades viáveis da sua economia, e os cidadãos do seu real poder de compra. A tudo isto vem juntar-se uma corrupção ramificada e uma evasão fiscal egoísta, que assumiram dimensões mundiais. A ambição do poder e do ter não conhece limites. Neste sistema que tende a fagocitar tudo para aumentar os benefícios, qualquer realidade que seja frágil, como o meio ambiente, fica indefesa face aos interesses do mercado divinizado, transformados em regra absoluta.

Não a um dinheiro que governa em vez de servir

57. Por detrás dessa atitude, escondem-se a rejeição da ética e a recusa a Deus. Para a ética, olha-se habitualmente com um certo desprezo sarcástico; é considerada contraproducente, demasiado humana, porque relativiza o dinheiro e o poder. É sentida como uma ameaça, porque condena a manipulação e degradação da pessoa. Em última instância, a ética leva a Deus, que espera uma resposta comprometida que está fora das categorias do mercado. Para estas, se absolutizadas, Deus é incontrolável, não manipulável e até mesmo perigoso, na medida em que chama o ser humano à sua plena realização e à independência de qualquer tipo de escravidão. A ética – uma ética não ideologizada – permite criar um equilíbrio e uma ordem social mais humana. Neste sentido, animo os peritos financeiros e os governantes dos vários países a considerarem as palavras de um sábio da Antiguidade: "Não fazer os pobres participar dos seus próprios bens é roubá-los e tirar-lhes a vida. Não são nossos, mas deles, os bens que aferrolhamos".[56]

58. Uma reforma financeira que tivesse em conta a ética exigiria uma vigorosa mudança de atitudes por parte dos dirigentes políticos, a quem exorto a enfrentar

[56] SÃO JOÃO CRISÓSTOMO. *Lazarum*, II, n.º 6.

este desafio com determinação e clarividência, sem esquecer naturalmente a especificidade de cada contexto. O dinheiro deve servir, e não governar! O Papa ama a todos, ricos e pobres, mas tem a obrigação, em nome de Cristo, de lembrar que os ricos devem ajudar os pobres, respeitá-los e promovê-los. Exorto-vos a uma solidariedade desinteressada e a um regresso da economia e das finanças a uma ética propícia ao ser humano.

Não à desigualdade social que gera violência

59. Hoje, em muitas partes, reclama-se por maior segurança. Mas, enquanto não se eliminar a exclusão e a desigualdade dentro da sociedade e entre os vários povos será impossível desarreigar a violência. Acusam-se da violência os pobres e as populações mais pobres, mas, sem igualdade de oportunidades, as várias formas de agressão e de guerra encontrarão um terreno fértil que, mais cedo ou mais tarde, hão de provocar a explosão. Quando a sociedade – local, nacional ou mundial – abandona na periferia uma parte de si mesma, não há programas políticos nem forças da ordem ou serviços secretos que possam garantir indefinidamente a tranquilidade. Isso não acontece apenas porque a desigualdade social provoca a reação violenta de quantos são excluídos do sistema, mas porque o sistema social e econômico é injusto em sua raiz. Assim como o bem tende a difundir-se, assim também o mal consentido, que é a injustiça, tende a expandir a sua força nociva e a minar, silenciosamente, as bases de qualquer sistema político e social, por mais sólido que pareça. Se cada ação tem consequências, um mal embrenhado nas estruturas de uma sociedade sempre contém um potencial de dissolução e de morte. É o mal cristalizado nas estruturas sociais injustas, a partir do qual não podemos esperar um futuro melhor. Estamos longe do chamado "fim da história", já que as condições de um desenvolvimento sustentável e pacífico ainda não estão adequadamente implantadas e realizadas.

60. Os mecanismos da economia atual promovem uma exacerbação do consumo, mas sabe-se que o consumismo desenfreado, aliado à desigualdade social, é duplamente daninho para o tecido social. Assim, mais cedo ou mais tarde, a desigualdade social gera uma violência que as corridas armamentistas não resolvem nem poderão resolver jamais. Servem apenas para tentar enganar aqueles que reclamam maior segurança, como se hoje não se soubesse que as armas e a repressão violenta, mais do que dar solução, criam novos e piores conflitos. Alguns comprazem-se simplesmente em culpar, dos próprios males, os pobres e os países pobres, com generalizações indevidas, e pretendem encontrar a solução em uma "educação" que os tranquilize e os transforme em seres domesticados e inofensivos. Isso torna-se ainda mais irritante quando os excluídos veem crescer este câncer social que é a corrupção profundamente radicada em muitos países – nos seus governos, empresários e instituições – seja qual for a ideologia política dos governantes.

Carta aos movimentos populares[57]

Queridos amigos,

Lembro-me com frequência de nossos encontros: dois no Vaticano e um em Santa Cruz de La Sierra, e confesso que essa "memória" me faz bem, aproxima-me de vocês, faz com que repense sobre os tantos diálogos que tivemos durante esses encontros, os tantos sonhos que ali nasceram e cresceram, muitos dos quais depois se tornaram realidade. Agora, em meio a essa pandemia, eu me lembro de vocês de uma maneira especial e quero estar perto de vocês.

Nestes dias de tanta angústia e dificuldade, muitos se referiram à pandemia que sofremos com metáforas bélicas. Se a luta contra o Covid-19 é uma guerra, vocês são um verdadeiro exército invisível que luta nas trincheiras mais perigosas. Um exército sem outra arma senão a solidariedade, a esperança e o sentido da comunidade

---

[57] FRANCISCO. *Carta do Papa Francisco aos movimentos populares.* Vaticano, 12 abr. 2020.

que reverdecem nos dias de hoje em que ninguém se salva sozinho. Vocês são para mim, como lhes disse em nossas reuniões, verdadeiros poetas sociais, que desde as periferias esquecidas criam soluções dignas para os problemas mais prementes dos excluídos.

Eu sei que muitas vezes vocês não são reconhecidos adequadamente porque, para este sistema, são verdadeiramente invisíveis. As soluções do mercado não chegam às periferias e a presença protetora do Estado é escassa. Nem vocês têm os recursos para realizar as funções próprias do Estado. Vocês são vistos com suspeita por superarem a mera filantropia por meio da organização comunitária ou por reivindicarem seus direitos, em vez de ficarem resignados à espera de ver se alguma migalha cai daqueles que detêm o poder econômico. Muitas vezes mastigam raiva e impotência quando veem as desigualdades que persistem mesmo quando terminam todas as desculpas para sustentar privilégios. No entanto, vocês não se encerram na denúncia: arregaçam as mangas e continuam a trabalhar para suas famílias, seus bairros, para o bem comum. Essa atitude de vocês me ajuda, questiona e ensina muito.

Penso nas pessoas, especialmente mulheres, que multiplicam o pão nos refeitórios comunitários, cozinhando com duas cebolas e um pacote de arroz um delicioso guisado para centenas de crianças; penso nos doentes, penso nos idosos. Elas nunca aparecem na mídia convencional. Tampouco os camponeses e os agricultores familiares, que continuam a trabalhar para produzir alimentos saudáveis, sem destruir a natureza, sem monopolizá-los ou especular com a necessidade do povo.

Quero que saibam que nosso Pai Celestial olha para vocês, vos valoriza, reconhece e fortalece em sua escolha.

Quão difícil é ficar em casa para quem mora em uma pequena casa precária ou para quem de fato não tem teto. Quão difícil é para os migrantes, as pessoas privadas de liberdade ou para aqueles que realizam um processo de cura para dependências. Vocês estão lá, colocando seu corpo ao lado deles, para tornar as coisas menos difíceis, menos dolorosas. Congratulo a vocês e agradeço do fundo do meu coração. Espero que os governos entendam que os paradigmas tecnocráticos (sejam centrados no Estado, sejam centrados no mercado) não são suficientes para enfrentar esta crise, nem os outros problemas importantes da humanidade. Agora, mais do que nunca, são as pessoas, as comunidades, os povos que devem estar no centro, unidos para curar, cuidar, compartilhar.

Eu sei que vocês foram excluídos dos benefícios da globalização. Não desfrutam daqueles prazeres superficiais que anestesiam tantas consciências. Apesar disso, vocês sempre sofrem os danos dessa globalização. Os males que afligem a todos, a vocês atingem duplamente. Muitos de vocês vivem o dia a dia sem nenhum tipo de garantias legais que os protejam. Os vendedores ambulantes, os recicladores, os feirantes, os pequenos agricultores, os pedreiros, as costureiras, os que realizam diferentes tarefas de cuidado. Vocês, trabalhadores informais, independentes ou da economia popular, não têm um salário estável para resistir a esse momento... e as quarentenas são insuportáveis para vocês. Talvez seja a hora de pensar em um salário universal que reconheça e dignifique as tarefas nobres e insubstituíveis que vocês realizam; capaz de garantir e tornar realidade esse *slogan* tão humano e cristão: nenhum trabalhador sem direitos.

Também gostaria de convidá-los a pensar no "depois", porque essa tempestade vai acabar e suas sérias consequências já estão sendo sentidas. Vocês não são despreparados; têm a cultura, a metodologia, mas principalmente a sabedoria que é amassada com o fermento de sentir a dor do outro como sua. Quero que pensemos no projeto de desenvolvimento humano integral que ansiamos, focado no protagonismo dos Povos em toda a sua diversidade e no acesso universal aos três Ts que vocês defendem: terra e comida, teto e trabalho. Espero que esse momento de perigo nos tire do piloto automático, sacuda nossas consciências adormecidas e permita uma conversão humanística e ecológica que termine com a idolatria do dinheiro e coloque a dignidade e a vida no centro. Nossa civilização, tão competitiva e individualista, com suas taxas frenéticas de produção e consumo, seus luxos excessivos e lucros desmedidos para poucos, precisa mudar, repensar-se, regenerar-se.

Vocês são construtores indispensáveis dessa mudança urgente; além disso, vocês possuem uma voz autorizada para testemunhar que isso é possível. Vocês conhecem crises e privações... que, com modéstia, dignidade, comprometimento, esforço e solidariedade, conseguem transformar em uma promessa de vida para suas famílias e comunidades.

Continuem a lutar e a cuidar um do outro como irmãos. Rezo por vocês, rezo com vocês e peço a Deus nosso Pai para que os abençoe, que os preencha com o seu amor e que os proteja ao longo do caminho, dando-lhes aquela força que nos permite não cair e que não decepciona: a esperança. Por favor, também vocês orem por mim, que necessito.

Fraternamente,

Francisco
Cidade do Vaticano, 12 de abril de 2020, domingo de Páscoa.

MIGRAÇÕES

Migrações

Carlo Petrini

As colinas piemontesas de Langhe são um espetáculo para os olhos em todas as estações, mas no início do outono a magia desses lugares é singular. É quando os vinhedos das encostas se transformam, abandonando o verde para passar ao amarelo, ao laranja, ao vermelho, ao roxo e ao marrom. Cada planta o faz de modo diferente, com tempos variáveis e em ordem esparsa. Esse fenômeno cria um arco-íris de cores e de tons digno de um quadro expressionista, um milagre que se repete todos os anos e que a cada ano renova sua beleza. É também o momento da colheita, tão esperada depois de um ano de cuidado com as vinhas, de atenção aos caprichos do tempo, do trabalho e da espera. E então, em seu esplendor, as colinas recebem camponeses, trabalhadores sazonais, trabalhadores braçais agrícolas e colhedores. A maioria deles é estrangeira, muitíssimos vêm da Macedônia, outros da Albânia e da Romênia, além daqueles provenientes dos mais diferentes países da África e do Leste Europeu.

Alguns são contratados em tempo integral pelas vinícolas para se ocuparem de tudo o que acontece no vinhedo, outros se organizam em cooperativas autogeridas, outros são ainda sazonais, voltando todos os anos no período de agosto a novembro só para fazer a vindima. O substancial, porém, muda pouco, porque a verdade é que sem esses braços o setor vinicultor de Langhe estaria em dificuldade. Nada de novo nem de único, porque de exemplos como esse nosso país está cheio. Poderia se dizer o mesmo daqueles que cuidam dos animais nas pastagens de montanha ou daqueles que colhem os cítricos em dezembro. Para quem como eu tem alguns invernos nas costas, é inevitável voltar o pensamento até o início dos anos 1990, quando a televisão italiana documentava a chegada das chamadas "barcaças" da Albânia, barcos sobrecarregados de pobres que atracavam nas nossas costas para buscar trabalho, fortuna e dignidade. Aqueles imigrantes nos incutiam medo, criavam desconfiança, eram o "quem está aí". Eram pobres, e ver pobres pode assustar, porque nos lembra também de que nós podemos ser ou nos tornar pobres. Vê-los nos fazia tremer as pernas, porque nos mostrava de forma concreta que nem todo mundo era como a nossa horta fértil, que o nosso bem-estar muito particular não estava à disposição de todos e que, ainda assim, uma grande parte da humanidade, também muito perto de casa, ansiava ter uma parte mínima daquilo que nós podíamos dispor, pelo simples fato de termos nascido sobre a costa abençoada do Adriático. Ver os pobres albaneses nos dava medo porque nos recordava que, em uma investigação mais íntima, e querendo ser profundamente cristão como nossa cultura nos impõe com uma certa intransigência, talvez devêssemos dividir um pouco da nossa riqueza, talvez compartilhá-la com aquelas famílias que desembarcavam na Puglia. E talvez nos mostrasse, entre outras coisas, que não estávamos assim tão dispostos a dividir.

O meu pensamento se volta inevitavelmente para aqueles anos e para a nossa ingenuidade daquele tempo. Tínhamos medo dos que hoje sustentam a nossa economia de excelência, o carro-chefe do setor agrícola italiano. Tínhamos medo daqueles que hoje são nossos genros, noras, maridos, mulheres, vizinhos de casa, representantes de pais nas escolas dos nossos filhos.

Daqueles primeiros anos dos 1990, muita água passou sob a ponte, todavia somos obrigados a constatar: sensivelmente, não mudou muita coisa. Hoje não são mais os albaneses ou os macedônios o espantalho da rica Europa ocidental. A pele de quem migra é mais escura e as suas raízes estão plantadas mais ao sul. Mas, quanto ao resto, as dinâmicas se repetem. Diante de uma humanidade que sofre, nossos ouvidos são muitas vezes surdos e nossos olhos, cegos, exceto quando a emergência do coronavírus nos faz lembrar imediatamente que, se os trabalhadores migrantes não puderem se mover para a estação da colheita, não saberemos o que fazer com a nossa agricultura.

Se é verdade aquilo que a paleontologia e antropologia confirmam há décadas, que a espécie humana vem toda da África para depois se difundir por todo o globo terrestre, nós não somos mais do que migrantes de longa data. Toda a história do homem se deu no equilíbrio de deslocamentos de massa, misturas, movimentos e reassentamentos. A estaticidade e a estabilidade nunca fizeram parte da vida da espécie humana. E se isso é verdadeiro desde sempre, por que deveria deixar de ser hoje? Vemos isso ocorrer cotidianamente nos confins de uma Europa sempre mais amedrontada e fechada, empenhada a limitar aquilo que não se pode parar, a esvaziar o mar com o balde de roupa suja da identidade nacional. Então, talvez valha a pena partir de uma constatação tão banal quanto verdadeira: enquanto as desigualdades entre ricos e pobres continuarem a ser assim monstruosas, nada poderá parar o desejo de futuro dos últimos, dos excluídos, de sentar-se à mesa da prosperidade. Além disso, talvez seja necessário um passo adicional. As migrações representam desde sempre o paradigma em torno do qual a humanidade se moldou, o motor primário de todo progresso, de cada avanço, de cada modernidade. Negar o papel e buscar pará-las é contra a lógica, além de impossível.

É inútil apoiar quem cultua a identidade nacional. O conceito de identidade tem suas bases integralmente e indiscutivelmente sobre o conceito de troca. Nós construímos a nós mesmos, nossa escala de valores, os nossos princípios e comportamentos a partir dos estímulos que recebemos e dos exemplos que apreendemos na nossa vida. A capacidade de assimilar e fazer nossos tais *inputs* constitui então quem somos verdadeiramente. Perdoe-me se volto novamente à minha terra, o Langhe do Piemonte. Aquele que é hoje um oásis de bem-estar e prosperidade, apenas sessenta anos antes ainda trazia em si sinais marcantes de miséria, o estigma do rápido despovoamento, a completa falta de oportunidades. Quem podia, quem era mais corajoso, quem tinha um parente ou um amigo que já tivesse partido, abandonava as colinas – e sua agricultura cansativa e pouco rentável –, com destino às cidades do *boom* industrial. Turim como primeira opção, mas também Alba, que então viu Ferrero dar seus primeiros passos rumo ao cenário internacional. E, assim, quem manteve em pé as comunidades do Langhe? Uma numerosa equipe de jovens mulheres calabresas, que, por meio da figura então em voga e hoje talvez um pouco absurda do casamenteiro, buscavam o Piemonte para arranjar marido. Mulheres extraordinárias, que souberam suportar a dureza de um território novo, de um dialeto que não conheciam, de uma desconfiança geral e suspeitas nos encontros das chamadas "calabrotte". Veja bem, as "calabrotte" foram uma das tantas bênçãos que desaguaram nesse canto do Piemonte que, de outra forma, teria visto desaparecer vilarejos inteiros. E é uma maravilha ver hoje os filhos dessas famílias levarem com orgulho os traços distintivos da "calabresidade" ao lado de um sotaque do Langhe, cultivarem com cuidado essa identidade feita de troca, de mistura, de interação.

A globalização, o processo de "apequenamento do mundo" que nos últimos quarenta anos tem feito com que o planeta esteja sempre mais interconectado, que as informações estejam praticamente disponíveis em tempo real em todas as latitudes, que os deslocamentos dos homens e das mercadorias sejam extremamente velozes e contínuos, que a comunicação seja sempre mais imediata e mais cômoda, hoje não é questionada por ninguém. É um fato dado, é a água na qual nadamos. Parece-nos perfeitamente normal, quase "natural", poder fazer uma videochamada de trabalho da Itália com o Brasil, poder encomendar chá verde em folhas diretamente de um produtor chinês e recebê-lo em casa após duas semanas, estar segunda-feira em Roma, terça-feira em Berlim e quarta-feira em Boston. Mantemos relações cotidianas com pessoas que vivem do outro lado do mundo e nos parece natural fazê-lo; não nos impressionamos mais com as infinitas possibilidades que temos.

Nisso tudo, com muita frequência lutamos para conseguir ver o elefante na sala. Como se pode pensar que as mercadorias e os capitais circulem livremente enquanto as pessoas devam ser cerceadas por muros, rejeições, normas ou regulamentos? Mas, sobretudo: por que deveriam? Os populismos em crescimento em quase todos os países ocidentais (não só europeus; basta pensar nos Estados Unidos ou no Brasil) estão difundindo uma narrativa tóxica em torno da migração, alimentando com o medo uma guerra entre pobres, que serve só para manter o *status quo* e por isso dá direito aos privilegiados de manter estritos e superprivados privilégios. O cerne dessa narrativa é: se você é pobre, ganha mal, está estressado com a vida em uma região periférica e sem serviços, se não tem vaga para o seu filho em uma creche comunitária, se não consegue ter uma casa popular, se as listas de espera por um exame hospitalar banal são de longos meses, o problema não é de um sistema que sacrifica os serviços para tirar impostos dos rendimentos altos ou que favorece o direito das grandes empresas de degradar territórios e ecossistemas... o problema é daqueles que, mais pobres que você, empreendem a viagem da esperança para tentar dar um futuro de dignidade para si mesmos e seus filhos.

Tais grandes mentiras são um instrumento de distração muito potente, um modo de canalizar legítimas demandas por progresso e emancipação contra um alvo fácil: hoje aponto para os imigrantes e amanhã quem sabe para quem. Mas, voltando ao fenômeno geral da migração, quer nos agrade ou não, ele continuará fazendo parte do nosso cotidiano, como sempre fez parte da história do mundo. A novidade desse período histórico é que as pessoas que migram já conhecem os países de destino, sabem o que vão encontrar, estão conscientes da desigualdade da qual são vítimas e estão prontos para melhorar as próprias condições de vida. E nós não podemos impedi-los, nem ética nem materialmente. Além de um ato de injustiça e de ingenuidade, isso traria também a perda de uma oportunidade única para mudar para melhor o nosso mundo. Devemos dizer forte e claramente: os imigrantes são uma oportunidade de crescimento para todos, como indivíduos, como sociedade, como economia, como comunidade. O nosso trabalho se torna então aquele de acolher essas energias em movimento, de conhecê-los, de trocar e abrir as nossas portas. E o inevitável será uma Europa melhor para todos.

Tive a sorte de conhecer e de me confraternizar por anos com Luis Sepúlveda, e de poder considerá-lo um amigo. Um dia, durante uma conferência para a qual fomos convidados, ele contou publicamente um episódio que é considerado fundador da história moderna do Chile, seu país. Em 1939, durante a Guerra Civil Espanhola, quando uns dois mil refugiados políticos, entre os quais homens, mulheres e crianças, fugiam pelos Pirineus na França e foram ali confinados em campos de detenção, graças ao poeta Pablo Neruda (então cônsul chileno em Paris) conseguiram fugir da perseguição franquista e nazifascista, zarpando da costa francesa para o Chile a bordo do navio Winnipeg. Chegando a Valparaíso depois de uma longa e complicada viagem, essas pessoas encontraram acolhida por parte da população e do governo da Frente Popular, que os hospedou e deu a eles a possibilidade de reconstruírem uma vida. Sepúlveda lembrou-se de como daquele barco saíram o futuro fundador da Academia de Belas-Artes de Santiago, alguns dos industriais que depois fizeram a fortuna do país, intelectuais e críticos literários de primeiríssima ordem, junto a atores, jornalistas e artistas. O resumo dessa bela história é que, se o país não tivesse acolhido aquele barco, a cultura chilena hoje seria mais pobre, mais limitada. A mim me parece que deveríamos olhar sob a mesma óptica aqueles que atracam desesperados nas nossas costas. Em uma Europa onde se faz cada dia menos filhos, onde a população envelhece constantemente, a energia desses jovens deveria ser uma bênção, não uma ameaça.

Atenção, porém, para não tratar o argumento migração sob o ponto de vista "ocidental". Na origem de tudo, de fato, vão se aprofundando as causas primárias desses deslocamentos em massa. Um processo lógico, que todavia está ausente do debate público. Os países de proveniência dos imigrantes são principalmente aqueles que nos séculos XIX e XX sofreram com a colonização europeia. Países que foram saqueados, explorados e ainda hoje vivem sob o jugo de um colonialismo econômico feito de *dumping*, de "investimentos" externos a cabresto, de exploração indiscriminada dos recursos naturais por parte de multinacionais, de utilização de mão de obra a baixo custo para produzir bens que serão consumidos em outros lugares e cujo valor agregado enriquecerá sujeitos estrangeiros. Sem mencionar os países em situação de guerra ou de instabilidade política, que tornam impossível uma vida com dignidade e prosperidade.

Este é um ponto central do qual não podemos prescindir para compreender o que acontece fora das nossas fronteiras. O sistema econômico que garante o bem-estar de que gozamos é o mesmo que gera miséria, pobreza e violência em vastas áreas da África e da Ásia. Até por vivermos em um mundo globalizado, não é mais admissível pensar as dinâmicas globais de maneira desconectada, por compartimentos estanques. Porque tudo se tem e tudo está conectado: esta é uma das grandes lições da encíclica *Laudato si'*. A soma do jogo econômico atual é zero e, portanto, se alguém se arrisca e vive com bem-estar, um outro se empobrece e vive sob exploração e degradação. Vou dar um exemplo concreto, citando um dos jornalistas mais perspicazes e cuidadosos dos nossos dias, Stefano Liberti. Em uma das suas últimas entrevistas, que depois virou um documentário difundido na web, Liberti reconstrói a cadeia de produção do tomate "italiano". A Itália sempre foi um grande produtor de "ouro vermelho", destinado aos mercados "frios" do norte da Europa, da Rússia e do Canadá. Nos últimos vinte anos, porém, o mercado de ponta para a produção italiana tornou-se a África. Quase um monopólio tricolor, apenas recentemente ameaçado pela produção chinesa.

Enormes quantidades de tomate concentrado provenientes do nosso país chegam à África central, substancialmente varrendo a produção local de tomate fresco, que florescia até quinze anos atrás. Como é possível que para os ganeses se torne mais conveniente comprar tomate concentrado italiano em vez do fresco, produzido no local? Chegamos aqui a uma grande questão: de um lado, em vastas áreas italianas assistimos ainda à prática vergonhosa da contratação de trabalhadores agrícolas ilegais (chamada de "caporalato") e da exploração do trabalho migrante. O tomate, junto a alguns cítricos e outras hortaliças, talvez seja o exemplo mais gritante. Os trabalhadores migrantes, muitas vezes sem contrato, recebem 3,5 euros por cada caixa grande recolhida, juntando cerca de 20 euros por dia. Sem contrato, sem garantias, com frequência sob o jugo violento dos contratantes que exigem também uma cota pela comida pobre e pelo alojamento que em geral estão nos limites da possibilidade de receber alguém. Isso torna os tomates italianos muito competitivos, mas não é o suficiente. À mão de obra de baixo custo se soma um outro grande demônio do tipo Moloc que se assoma sobre a agricultura africana: os incentivos europeus. Segundo uma estimativa trazida por Liberti, as ajudas comunitárias à produção de tomates oscilam entre 35 a 45 euros por quintal produzido, chegando a cobrir até 65% do preço de mercado do produto final.

É evidente que esta não é uma competição com as mesmas armas e parece que o livre mercado, como diria meu amigo Serge Latouche, não é outra coisa que a liberdade das raposas de vagarem sem serem perturbadas pelos galinheiros. O que podemos esperar assim de uma situação similar? O paradoxo mais triste é que muitos dos trabalhadores expulsos da cadeia de mercado africana do tomate (em uma crise dramática) não têm outra escolha que tentar uma sorte melhor migrando para as costas europeias, onde, quando conseguem ultrapassar as barreiras de entrada, acabam com frequência por alimentar o exército da mão de obra explorada nas próprias plantações de tomates italianas.

Um círculo vicioso que, se não fosse a causa de sofrimentos enormes, seria ridículo. Como se pode, diante de uma situação como essa, pensar ainda que fechar as fronteiras seja um direito? Como pode a humanidade machucada que migra desesperada representar uma ameaça para a nossa serenidade? Os exemplos são muitos e vão além da questão dos tomates. Vale o mesmo para alguns cereais e para muitas outras conservas vegetais. Devemos mudar radicalmente o modo como enxergamos a nós mesmos e ao mundo, usar lentes novas e nos treinarmos para olhar o cenário completo do alto, com um distanciamento saudável. Porque só estabelecendo as justas conexões e os nexos de causa-efeito podemos realmente entender o que acontece e compreender que o fenômeno migratório não pode ser parado por um muro, por uma lei ou por uma barreira. Essas medidas podem talvez deixá-lo mais lento, certamente conseguem criar sofrimento a quem empreende a viagem, mas não poderão nunca parar a sede de vida, o impulso de emancipação que o sustenta.

Para integrar esse quadro complexo, uma palavra ainda deve ser dita sobre as mudanças climáticas, outro ator fundamental no tabuleiro internacional. Se por um lado a comunidade científica é unânime ao afirmar que o aquecimento global do planeta é uma realidade ameaçadora e sobretudo que é fruto de comportamentos humanos, por outro lado cada um de nós começa a perceber as consequências disso de maneira cada vez mais evidente. Um exemplo italiano fácil é o aumento de frequência e de intensidade da elevação do nível de água em Veneza, um dos fenômenos atmosféricos mais extremos que vivemos em nossos territórios (além das tempestades do tipo tropical nas costas, chuvas com intensidade inéditas, longos períodos de seca, etc.). O clima está mudando rapidamente e talvez não se trate somente de ter estado um pouco mais quente. Sobre esse terreno está em jogo o futuro da humanidade. Áreas inteiras do planeta correm o risco de se tornar inabitáveis, a desertificação avança rapidamente, os oceanos (que são os principais armazenadores de CO_2) acidificam-se cada vez mais e, ao aquecer, dão origem a fenômenos atmosféricos adicionais perturbadores. Vastas áreas da costa (Veneza incluída) estão em risco de ficarem submersas com o aumento do nível do mar. A lista é longa. O ponto, porém, que gostaria de sublinhar é: quem gerou a maior parte dessa mudança climática? Se é verdade que as emissões de gases do efeito estufa são só um dos principais fatores, então não há dúvida de que grande parte da responsabilidade está sobre nós, ocidentais "desenvolvidos". O nosso modelo energético, de mobilidade, de produção e de consumo nos trouxe até aqui. Um modelo nascido com a Revolução Industrial e que até agora não mudou substancialmente. Os combustíveis fósseis são há três séculos o motor do mundo e do bem-estar, mas hoje nos apresentam a conta. E não podemos pretender que quem a pague é quem nem ao menos gozou das vantagens de um sistema capitalista avançado. Ao contrário, seria necessário instituir um sistema de compensações do "norte" ao "sul" do mundo, que sem culpa paga um preço altíssimo. Muitas pessoas abandonam os seus países de origem porque as mudanças climáticas estão tornando a agricultura impraticável, porque falta água ou porque o mar avança sobre as costas e é impossível garantir para si mesmo um futuro com dignidade. As estimativas apontam um número que vai de 140 milhões (segundo o Banco Mundial) a 200 milhões (segundo o *International Panel on Climate Change*) de pessoas que serão refugiadas climáticas em 2050. Uma cifra exorbitante, se considerarmos que hoje os migrantes no mundo estão na ordem de 190 milhões. Diante de tais números e projeções, parece evidente que construir muros ou inventar sistemas de recusa mais ou menos legais não pode representar uma solução, ainda que queiramos deixar de lado o aspecto ético.

E então voltamos ao ponto de partida: as migrações continuarão a fazer parte das dinâmicas globais e talvez serão ainda mais intensas que no passado. Devemos começar a trabalhar juntos para construir um mundo habitável e próspero para todos. Creio que isso deveria ser o foco de cada ação política e de cada iniciativa de baixo. Construir pontes e coesões, favorecer trocas positivas e, sobretudo, acolher aqueles que buscam um futuro melhor. O acolhimento é um dever moral de restituição e compartilhamento do bem-estar que nos foi concedido como privilégio, só pelo fato de termos nascido neste lugar, neste momento específico.

Não se trata apenas de migrantes[58]

Papa Francisco

Queridos irmãos e irmãs!

A fé nos assegura que o Reino de Deus já está, misteriosamente, presente sobre a terra;[59] contudo, mesmo em nossos dias, com pesar temos de constatar que se lhe deparam obstáculos e forças contrárias. Conflitos violentos, verdadeiras e próprias guerras não cessam de dilacerar a humanidade; sucedem-se injustiças e discriminações; tribula-se para superar os desequilíbrios econômicos e sociais, de ordem local ou global. E quem sofre as consequências de tudo isso são sobretudo os mais pobres e desfavorecidos.

As sociedades economicamente mais avançadas tendem, no seu seio, para um acentuado individualismo que, associado à mentalidade utilitarista e multiplicado pela rede midiática, gera a "globalização da indiferença". Neste

---

[58] FRANCISCO. *Mensagem do Papa Francisco para o Dia Mundial do Migrante e do Refugiado.* Vaticano, 29 set. 2019.
[59] PAPA PAULO VI. *Constituição pastoral Gaudium et spes*, Roma, 7 dez. 1965.

cenário, os migrantes, os refugiados, os desalojados e as vítimas do tráfico de seres humanos aparecem como os sujeitos emblemáticos da exclusão, porque, além dos incómodos inerentes à sua condição, acabam muitas vezes sendo alvo de juízos negativos que os consideram como causa dos males sociais. A atitude para com eles constitui a campainha de alarme que avisa do declínio moral em que se incorre, se se continua a dar espaço à cultura do descarte. Com efeito, por esse caminho, cada indivíduo que não quadre com os cânones do bem-estar físico, psíquico e social fica sob risco de marginalização e exclusão.

Por isso, a presença dos migrantes e refugiados – como a das pessoas vulneráveis em geral – constitui, hoje, um convite a recuperar algumas dimensões essenciais da nossa existência cristã e da nossa humanidade, que correm o risco de entorpecimento num teor de vida rico de comodidades. Aqui está a razão por que "não se trata apenas de migrantes", ou seja, quando nos interessamos por eles, interessamo-nos também por nós, por todos; cuidando deles, todos crescemos; escutando-os, damos voz também àquela parte de nós mesmos que talvez mantenhamos escondida por não ser bem vista hoje.

"Tranquilizai-vos! Sou Eu! Não temais!" (Mt, 14,27). *Não se trata apenas de migrantes: trata-se também dos nossos medos.* As maldades e torpezas do nosso tempo fazem aumentar "o nosso receio em relação aos 'outros', aos desconhecidos, aos marginalizados, aos forasteiros (…)". E isso nota-se particularmente hoje, perante a chegada de migrantes e refugiados que batem à nossa porta em busca de proteção, segurança e um futuro melhor. É verdade que o receio é legítimo, inclusive porque falta a preparação para este encontro".[60] O problema não está no fato de ter dúvidas e receios. O problema surge quando estes condicionam de tal forma o nosso modo de pensar e agir que nos tornam intolerantes, fechados, talvez até – sem disso nos apercebermos – racistas. E assim o medo priva-nos do desejo e da capacidade de encontrar o outro, a pessoa diferente de mim; priva-me de uma ocasião de encontro com o Senhor.[61]

"Se amais os que vos amam, que recompensa haveis de ter? Não fazem já isso os publicanos?" (Mt, 5,46). *Não se trata apenas de migrantes: trata-se da caridade.* Através das obras de caridade, demonstramos a nossa fé (Tg, 2,18). E a caridade mais excelsa é a que se realiza em benefício de quem não é capaz de retribuir, nem talvez de agradecer. "Em jogo está a fisionomia que queremos assumir como sociedade e o valor de cada vida. (…) O progresso dos nossos povos (…) depende sobretudo da capacidade de se deixar mover e comover por quem bate à porta e, com o seu olhar, desabona e exautora todos os falsos ídolos que hipotecam e escravizam a vida; ídolos que prometem uma felicidade ilusória e efêmera, construída à margem da realidade e do sofrimento dos outros".[62]

---

[60] FRANCISCO. *Homilia*, Roma, 15 fev. 2019.
[61] FRANCISCO. *Homilia na missa do Dia Mundial do Migrante e do Refugiado*, Vaticano, 14 jan. 2018.
[62] FRANCISCO. *Discurso na Cáritas diocesana de Rabat*, Rabat, 30 mar. 2019.

"Mas um samaritano, que ia de viagem, chegou ao pé dele e, vendo-o, encheu-se de compaixão" (Lc, 10,33). *Não se trata apenas de migrantes: trata-se da nossa humanidade.* O que impele aquele samaritano – um estrangeiro, segundo os judeus – a deter-se é a compaixão, um sentimento que não se pode explicar só racionalmente. A compaixão toca as cordas mais sensíveis da nossa humanidade, provocando um impulso imperioso a "fazer-nos próximo" de quem vemos em dificuldade. Como nos ensina o próprio Jesus (Mt 9,35-36; 14,13-14; 15,32-37), ter compaixão significa reconhecer o sofrimento do outro e passar, imediatamente, à ação para aliviar, cuidar e salvar. Ter compaixão significa dar espaço à ternura, ao contrário do que tantas vezes nos pede a sociedade atual, ou seja, que a reprimamos. "Abrir-se aos outros não empobrece, mas enriquece, porque nos ajuda a ser mais humanos: a reconhecer-se parte ativa de um todo maior e a interpretar a vida como um dom para os outros; a ter como alvo não os próprios interesses, mas o bem da humanidade".[63]

"Livrai-vos de desprezar um só destes pequeninos, pois digo-vos que os seus anjos, no Céu, veem constantemente a face de meu Pai que está no Céu" (Mt 18,10). *Não se trata apenas de migrantes: trata-se de não excluir ninguém.* O mundo atual vai se tornando, dia após dia, mais elitista e cruel para com os excluídos. Os países em vias de desenvolvimento continuam a ser depauperados dos seus melhores recursos naturais e humanos em benefício

---

[63] FRANCISCO. *Discurso na mesquita Heydar Aliyev*, Baku, 2 out. 2016.

de poucos mercados privilegiados. As guerras abatem-se apenas sobre algumas regiões do mundo, enquanto as armas para as fazer são produzidas e vendidas em outras regiões, que depois não querem ocupar-se dos refugiados causados por tais conflitos. Quem sofre as consequências são sempre os pequenos, os pobres, os mais vulneráveis, a quem se impede de sentar-se à mesa deixando-lhe as "migalhas" do banquete (Lc 16,19-21). "A Igreja 'em saída' (...) sabe tomar a iniciativa sem medo, ir ao encontro, procurar os afastados e chegar às encruzilhadas dos caminhos para convidar os excluídos".[64] O desenvolvimento exclusivista torna os ricos mais ricos e os pobres mais pobres. O verdadeiro desenvolvimento é aquele que procura incluir todos os homens e mulheres do mundo, promovendo o seu crescimento integral, e se preocupa também com as gerações futuras.

"Quem quiser ser grande entre vós, faça-se vosso servo; e quem quiser ser o primeiro entre vós, faça-se o servo de todos" (Mc 10,43-44). *Não se trata apenas de migrantes: trata-se de colocar os últimos em primeiro lugar.* Jesus Cristo pede-nos para não cedermos à lógica do mundo, que justifica a prevaricação sobre os outros para meu proveito pessoal ou do meu grupo: primeiro eu, e depois os outros! Ao contrário, o verdadeiro lema do cristão é "primeiro os últimos". "Um espírito individualista é terreno fértil para medrar aquele sentido de indiferença para com o próximo, que leva a tratá-lo como mero objeto de comércio, que impele a ignorar a humanidade dos

---

[64] FRANCISCO. *Exortação apostólica Evangelii gaudium*, Roma, 24 nov. 2013, nº 24.

outros e acaba por tornar as pessoas medrosas e cínicas. Porventura não são estes os sentimentos que muitas vezes nos assaltam à vista dos pobres, dos marginalizados, dos últimos da sociedade? E são tantos os últimos na nossa sociedade! Dentre eles, penso sobretudo nos migrantes, com o peso de dificuldades e tribulações que enfrentam diariamente à procura – por vezes, desesperada – de um lugar onde viver em paz e com dignidade".[65] Na lógica do Evangelho, os últimos vêm em primeiro lugar, e nós devemos colocar-nos ao seu serviço.

"Eu vim para que tenham vida e a tenham em abundância" (Jo 10,10). Não se trata apenas de migrantes: trata-se da pessoa toda e de todas as pessoas. Nesta afirmação de Jesus, encontramos o cerne da sua missão: procurar que todos recebam o dom da vida em plenitude, segundo a vontade do Pai. Em cada atividade política, em cada programa, em cada ação pastoral, no centro devemos colocar sempre a pessoa com as suas múltiplas dimensões, incluindo a espiritual. E isto vale para todas as pessoas, entre as quais se deve reconhecer a igualdade fundamental. Logo, "o desenvolvimento não se reduz a um simples crescimento econômico. Para ser autêntico, deve ser integral, quer dizer, promover todos os homens e o homem todo".[66]

"Portanto, já não sois estrangeiros nem imigrantes, mas sois concidadãos dos santos e membros da casa de Deus"

---

[65] FRANCISCO. *Discurso ao Corpo Diplomático*, Vaticano, 11 jan. 2016.
[66] SÃO PAULO VI. *Carta encíclica Populorum progressio*, Roma, 26 mar. 1967.

(Ef 2,19). *Não se trata apenas de migrantes: trata-se de construir a cidade de Deus e do homem*. Na nossa época, designada também a era das migrações, muitas são as pessoas inocentes que caem vítimas da "grande ilusão" de um desenvolvimento tecnológico e consumista sem limites.[67] E, assim, partem em viagem para um "paraíso" que, inexoravelmente, atraiçoa as suas expectativas. A sua presença, por vezes incômoda, contribui para desmentir os mitos de um progresso reservado a poucos, mas construído sobre a exploração de muitos. "Trata-se então de vermos, nós em primeiro lugar, e de ajudarmos os outros a verem no migrante e no refugiado não só um problema a enfrentar, mas um irmão e uma irmã a serem acolhidos, respeitados e amados; trata-se de uma oportunidade que a Providência nos oferece de contribuir para a construção de uma sociedade mais justa, de uma democracia mais completa, de um país mais inclusivo, de um mundo mais fraterno e de uma comunidade cristã mais aberta, de acordo com o Evangelho".[68]

Queridos irmãos e irmãs, a resposta ao desafio colocado pelas migrações contemporâneas pode-se resumir em quatro verbos: *acolher, proteger, promover e integrar*. Mas estes verbos não valem apenas para os migrantes e os refugiados; exprimem a missão da Igreja a favor de todos os habitantes das periferias existenciais, que devem ser acolhidos, protegidos, promovidos e

---

[67] FRANCISCO. *Carta encíclica Laudato si'*, Roma, 24 maio 2015.
[68] FRANCISCO. *Mensagem para o Dia Mundial do Migrante e do Refugiado de 2014*, Vaticano, 5 ago. 2013.

integrados. Se pusermos em prática esses verbos, contribuímos para construir a cidade de Deus e do homem, promovemos o desenvolvimento humano integral de todas as pessoas e ajudamos também a comunidade mundial a ficar mais próxima de alcançar os objetivos de desenvolvimento sustentável a que se propôs e que, de outra forma, dificilmente serão alcançados.

Por conseguinte, não está em jogo apenas a causa dos migrantes; não é só deles que se trata, mas de todos nós, do presente e do futuro da família humana. Os migrantes, especialmente os mais vulneráveis, ajudam-nos a ler os "sinais dos tempos". Através deles, o Senhor chama-nos a uma conversão, a libertar-nos dos exclusivismos, da indiferença e da cultura do descarte. Através deles, o Senhor convida-nos a reapropriarmo-nos da nossa vida cristã na sua totalidade e contribuir, cada qual segundo a própria vocação, para a construção de um mundo cada vez mais condizente com o projeto de Deus.

Estes são os meus votos que acompanho com a oração, invocando, por intercessão da Virgem Maria, Nossa Senhora da Estrada, abundantes bênçãos sobre todos os migrantes e refugiados do mundo e sobre aqueles que se fazem seus companheiros de viagem.

Francisco
Vaticano, 27 de maio de 2019.

EDUCAÇÃO

Educação

Carlo Petrini

Quando eu era criança, a palavra *educação* (ou talvez, mais frequentemente ainda, o seu oposto, a *má educação*) estava muito na boca dos adultos com quem eu convivia.

Por meus pais, essa palavra era o mais das vezes brandida como uma arma para etiquetar os mocinhos que sabiam se portar no mundo, distinguindo-os daqueles que, por indisciplina, excessiva vitalidade ou por qualquer palavra dita com muita ênfase, entravam no vasto caldeirão dos impertinentes. Um jovem bem-educado era, simplificando um pouco, aquele que sabia ficar no seu lugar, aceitar a autoridade sem discutir, limitar ao mínimo o aborrecimento causado aos adultos e à comunidade, dizer as coisas que agradam os mais velhos no momento certo, não causar muito ruído. Pessoalmente, não posso dizer que sempre fiquei na categoria dos bons, mas certamente essa divisão do mundo e esse modo de entender o que seria um "bom cidadão" acompanharam o meu percurso pessoal e cultural. A partir de 1968, como todo mundo, passei por um período em que pensei que, para derrubar de uma vez por todas o mundo machista, fanático e conservador em que estávamos imersos, era realmente necessário fazer uma tábula rasa de todas as superestruturas da "boa educação". Daquela longínqua pré-história pedagógica, muitas coisas mudaram, também muito depressa; todavia permaneço ainda mais convicto que então de que raciocinar de forma ampla sobre a educação seja um processo-chave para desenhar e interpretar o futuro de todos.

Deixando de lado por isso as feridas um pouco traumáticas das minhas experiências como criança lutando com a "boa educação" dos anos 1950, vale a pena despender algumas linhas para enquadrar melhor a especificidade da palavra-objeto deste capítulo, esclarecendo quais são as premissas em que ele se baseia. Trago uma reflexão trazida à tona quem sabe há mais de dez anos em uma rede de sujeitos e de associações que se reuniram sob o título de *Educazione bene comune* (*Educação bem comum*), um projeto de estudo, aprofundamento e militância que traz uma visão transformadora e anticapitalista da educação e dos instrumentos daquela que chamam de "comunidade de educandos". Parto daqui porque concordo totalmente com a abordagem:

> Por educação entendemos o caminho intencional, integrado e contínuo que nos permite formarmos e nos constituirmos como sujeitos e como comunidade, sustentando abertamente uma difícil e arriscada busca

de novas relações autenticamente humanas. Vivemos uma época que tende a identificar a educação "verdadeira e oficial" com a escolástica e familiar, e a relegar as experiências "extraescolares" como uma derivação dessas, com as únicas funções de cuidado e/ou de assistência ou de promoção e de autoinvestimento no futuro. Isso não significa que toda "atividade social" seja por si só educativa, mas que o processo de formação individual e comunitária é fruto de todos os discursos, os âmbitos, as atividades, os tempos, os espaços, os conteúdos, os sujeitos, os objetos, as normas, os rituais, as técnicas ligadas à transmissão da cultura, à promoção de valores e às interações também inconscientes entre todos esses elementos.[69]

Adoto essa formulação como ponto de partida porque permite rapidamente abranger em toda a sua complexidade e vastidão o objeto da disputa: o discurso sobre a educação assume implicações transversais e uma carga de significados e de centralidade que não podem ser encontrados em outras áreas. Um tema com declinações e tons diferentes em cada canto do mundo, capaz de entrelaçar inextricavelmente as questões culturais das diferentes comunidades nacionais e de refletir de maneira quase transparente a ideia de progresso que está subjacente à sua organização. A educação, de fato, liga-se de modo crucial e não inseparável à política em primeiro

---

[69] EDUCAZIONE BENE COMUNE. *Per un'educazione sociale, popolare e comunitaria*. Disponível em: http://www.educazionebenecomune.it/per-uneducazione-sociale-popolare-e-comunitaria/. Acesso em: 25 out. 2021.

lugar, e com ela vai de braços dados. Se a política é de fato a arte de desenhar o mundo que queremos e de buscar instrumentos para realizá-lo, não há dúvidas de que também e sobretudo das suas reflexões e resoluções derivaram a ideia do cidadão que queremos e com ela o sistema educacional necessário para formá-lo. Um sistema educacional não é feito só de escola, como já sublinhado antes; ao contrário, é cons-tituído de maneira profunda pela sociedade como um todo, pela organização dos seus dispositivos culturais, pela organização das comunidades locais, pela planificação dos espaços públicos, por sua arquitetura de poder e de gestão de conflito. Por isso, a educação é por si só um fenômeno social, que não pode ser tirado do contexto em que se move, em que "ocorre". E os nossos contextos civis são o cenário e a moldura material e imaterial em que nos educamos, somos educados e educamos os outros a serem cidadãos. Portanto, a maneira como organizamos as nossas economias, as nossas cidades e as nossas instituições se torna um tema político e, como consequência, também um tema educacional. Nesse sentido, é necessário responder a algumas perguntas fundamentais para poder discutir técnicas e perspectivas educativas. Queremos um mundo mais ou menos igualitário? Queremos cidadãos cooperativos ou competitivos? Queremos uma população solidária ou individualista? Um sistema puramente tecnocrático ou capaz de cultivar também a espiritualidade? Melhor ainda, podemos pensar no presente imediato: quais cidadãos podem crescer em uma sociedade em que os pobres estão sempre mais pobres e os ricos sempre mais ricos, em que a competitividade é o único motor de ascensão social e o bem-estar de uma nação se mede ainda exclusivamente pelo PIB? Estas são as perguntas fundamentais, que são também questões políticas inevitáveis.

Perguntas que, além de tudo, são ainda mais urgentes no nosso período histórico, visto que estamos todos agora imersos nas consequências de uma pandemia sem precedentes. O livro que você está lendo foi concebido e pensado antes da explosão global da pandemia de Covid-19, que revirou completamente o cenário e as cartas que estavam na mesa, trazendo à tona de maneira ainda mais clara alguns processos que estavam em ação fazia tempo, mas nem sempre eram facilmente individualizados. As crises sanitária, econômica e social que a pandemia provocou e que continua provocando foram reveladoras, como se ainda fosse necessário, de que o nosso modelo de desenvolvimento não pode garantir o bem-estar a todos e de que, em longo prazo, é capaz de colocar em perigo a própria sobrevivência da espécie *Homo* no planeta Terra. De um lado, uma relação totalmente desequilibrada com a natureza; de outro, uma abordagem implacavelmente articulada ao conceito de competitividade e ultraliberalismo enfraqueceu os anticorpos sociais e comunitários necessários para enfrentar a crise.

E isso nos constringe a nos darmos conta de que, como dizia Giorgio Gaber em um verso seu muito famoso, podemos ser felizes só se os outros também o forem.

Nesses meses difíceis, ficou mais evidente do que nunca que os pobres e os marginalizados são aqueles que pagam sempre o preço mais alto das crises. É uma lei histórica que não temos como mudar até que não se intervenha de maneira definitiva sobre o modo como as nossas sociedades estão organizadas. Os mais pobres são aqueles que não se podem permitir nem ao menos por um momento não trabalhar (quando têm um trabalho), ou que, para ter acesso às migalhas dos privilegiados, têm necessidade de que a economia vá a pleno vapor. Os mais pobres são aqueles que não podem pagar por uma visita médica privada e, portanto, são obrigados a confiar nas longas esperas do sistema sanitário nacional (que nas últimas duas décadas foi constantemente erodido para marchar triunfante em direção a um sistema misto público-privado, que favorece sem sombra de dúvidas o privado em nome do lucro). Os mais pobres são aqueles que não podem fazer os próprios filhos estudarem porque os custos são muito altos ou porque necessitam o quanto antes de uma renda complementar para sustentar a família. Sem contar os casos em que os pobres não têm uma casa ou um trabalho, nunca tiveram acesso a um livro ou a um evento cultural na vida, sofrem de analfabetismo funcional que os torna vulneráveis porque são incapazes de compreender a fundo um contrato de trabalho ou de aluguel, um decreto-lei, as instruções para fazer o pedido de subsídio. Enfim, os mais pobres são aqueles que compõem a humanidade dolorida de quem foi obrigado a migrar do seu próprio país em busca de uma sorte melhor e, neste momento histórico de fechamento e desconfiança, tem sido considerado um criminoso pelo simples fato de estar no "lugar errado". Esse quadro desolador pode nos aterrorizar, mas ao mesmo tempo nos diz também quanto é um dever, além de necessário, trabalhar para uma mudança profunda no nosso sistema que, gostemos ou não, chama-se capitalismo avançado.

A pobreza não é só uma condição material, ou melhor, é no mais das vezes uma condição material que se entrelaça com uma miséria cultural e social. Quem tem menor acesso à educação e à instrução tem infinitamente maior probabilidade de ter restrições materiais. A correlação é direta e inequívoca, por isso a garantia de uma educação global igualitária e de qualidade deve estar no topo da lista das prioridades para a sociedade humana do futuro. A literatura é unânime em afirmar que um maior nível de formação corresponde em todas as latitudes a uma maior capacidade de fazer frente às crises, de manter o próprio trabalho por mais tempo ou de encontrar um novo, em caso de perda. Além disso, nos momentos de dificuldade para instituições e cidadãos, o primeiro sacrifício é o educacional. Já vimos isso depois da crise de 2008/2009, e estamos vendo novamente agora. Formação e educação são os principais instrumentos para colocar em movimento o elevador social que, nos nossos países, está sempre com mais frequência, e inexoravelmente, fora de serviço. Os filhos daqueles que têm níveis de instrução mais baixos têm a metade da probabilidade de alcançar a educação universitária. Ao mesmo tempo, o nível escolar mais baixo corresponde a salários mais baixos e a taxas de desemprego mais elevadas. Parecem observações elementares e óbvias, mas servem para construir o contexto em que operam as políticas educacionais, e para compreender a fundo o impacto que as escolhas políticas podem ter sobre elas. Para citar um último dado, nos países da Organização para a Segurança e Cooperação na Europa (OSCE), até hoje, a parcela das despesas com educação que é suportada por cidadãos privados em termos percentuais, em relação ao que é suportado pelo Estado, tem aumentado constantemente. Em poucas palavras, isso significa que o custo da instrução, particularmente a secundária, está sempre mais a cargo dos estudantes, de maneira massiva. É evidente que tudo isso não faz outra coisa que aumentar o fosso que existe entre quem pode e quem não pode se permitir, excluindo mais uma vez os que menos têm. Por fim, reflete a tendência que estamos vendo com mais frequência em todos os níveis do *welfare* público: demandar sempre mais aos indivíduos privados os serviços que no momento social-democrata dos anos 1960 e 1970 nós dávamos como favas contadas que deveriam ser universais, gratuitos e garantidos pelo Estado. Para chegar a um ponto de inflexão global, é importante partir de um novo modo de pensar a educação (mas estou convencido de que esse discurso valha para muitos outros setores de interesse público), do ponto de vista filosófico ou político. Entendendo-a assim não apenas como um serviço que é distribuído por uma série de instituições (escolas, universidades, entes formadores, instituições religiosas ou partidárias e assim por diante), mas como um processo em que toda a comunidade é protagonista e em que é continuamente envolvida, chamada a participar, na acepção mais nobre do termo. Partir de uma política inclusiva, realmente democrática, acolhedora, baseada na garantia universal dos serviços essenciais a todos, para traduzir esses princípios nos comportamentos e nos dispositivos educacionais em todos os níveis. Não pararemos de dizer, a educação é política. Não existe nada de neutro na relação pedagógica entre educador e educando, como não existe prática social e comunitária que não nos peça para tomar partido. Reiterar esse aspecto de maneira forte e clara é necessário para evitar considerar "naturais" as desigualdades, a pobreza, a marginalidade e a exclusão. Vivemos de fato em um sistema organizado para privilegiar e tutelar os interesses de uma parte minoritária da população mundial à custa de outros.

Será necessário então superar, de uma vez por todas, também as dicotomias Estado/mercado e público/privado para tentar chegar a novos lugares. Essas margens promissoras têm um nome preciso: bens comuns. Como explica claramente Ugo Mattei, um dos teóricos mais importantes do tema no mundo, a gestão de um bem público oferece uma síntese e um salto à frente com respeito ao que estamos habituados, também sob o ponto de vista cultural. Gerir um bem comum significa o oposto de delegá-lo a um ente ou instituição pública ou privada. Ao contrário, quer dizer assumir coletivamente a responsabilidade pela criação de um serviço e, para a satisfação de uma necessidade universal, exigir o seu financiamento público por todos. Significa comprometer-se pessoalmente e como comunidade; significa vigiar a qualidade, a inclusividade e a ética de um serviço; significa enfim tomar conta daquilo que é "comum". Esse adjetivo belíssimo tem suas raízes em uma etimologia que une *cum,* "juntos", a *munus,* "obrigação, serviço". Pode ser sintetizado na forma "obrigado a participar, a ter o direito de receber". A definição mesma leva então para além de um mero método de gestão, para trazer uma profunda revolução cultural que nós devemos ver na linha de frente, todos.

A categoria de bem comum deve ascender ao papel principal do renascimento de que precisamos. A partir da crise sanitária, passando pela econômica e pela ambiental, a maior. Apenas se formos capazes de tomar conta conjuntamente e de sermos coletivamente responsáveis pelo que é de todos saberemos ser realmente irmãos neste planeta.

Portanto, torna-se ainda mais importante tomar partido na direção do futuro que queremos. Aqui entram em jogo os conteúdos mais profundos do processo de transmissão da consciência e da cultura e aqui se joga uma outra grande partida, a da identificação dos depositários do saber. Quando falamos de formação nos mais altos níveis, tendemos a identificá-la com as clássicas instituições universitárias e científicas. No entanto, essa é uma abordagem reducionista, porque exclui uma fatia enorme do saber humano, que por sua vez foi transmitido pelas culturas orais ou pelos cordões umbilicais da vida cíclica nas civilizações rurais. Um processo que no Ocidente foi interrompido com o último *boom* industrial do pós-Segunda Guerra e que hoje está se acabando em grande parte do mundo em vias de desenvolvimento. Não é aceitável que nos percursos de formação assim ditos "institucionais", o enorme patrimônio dos conhecimentos tradicionais seja eliminado. Sobretudo se, finalmente, decidirmos que o dever da educação é formar cidadãos capazes de fazer frente aos desafios do próximo futuro. Os conhecimentos tradicionais são de fato fruto de um processo secular de adaptação dos seres humanos ao ambiente natural, no equilíbrio na ciclicidade. Para incluí-lo nos será pedida uma mudança de paradigma no que diz respeito à maneira com que, ainda hoje, entendemos o conhecimento e a sua transmissão. Os nossos sistemas educacionais e formativos serão capazes de enfrentar o desafio de manterem vivo esse cordão umbilical? O risco, se não soubermos nos encarregar dessa tarefa, é de perder um pedaço enorme da nossa civilização, da nossa identidade, da nossa história.

A tecnologia é capaz de prever e de assinalar quando é o momento de semear e de colher, mas só um velho é capaz de fazer o mesmo cálculo – talvez ainda mais acurado, tendo como base o seu conhecimento meticuloso de um determinado lugar –, observando as fases da lua, a umidade do terreno e o estado da vegetação. Uma impressora 3D pode reproduzir perfeitamente qualquer objeto, mas quem pode substituir a sabedoria artesã capaz de pensá-la, de projetá-la ou de adaptá-la? Um conhecimento que nenhum livro é capaz de transmitir e que é salvaguardado, promovendo modos diferentes de entender o ensino e a aprendizagem. Hoje, os sistemas educacionais ainda estão estagnados em um modelo medieval que reduz essa herança a algo antigo e passado, que poderemos logo substituir. Não devemos cair em tal erro.

Concluo citando o último relatório da Unesco, a agência das Nações Unidas pela Educação, a Ciência e a Cultura, para relatar que os sinais de uma mudança de direção começam também em altíssimo nível:

> Não se pode esperar resolver todos os problemas deixados ao desenvolvimento somente por meio da educação, mas uma abordagem humanística e holística da educação pode e deve contribuir para alcançarmos um novo modelo de desenvolvimento. Em tal modelo, o crescimento econômico deve ser guiado por uma gestão responsável dos recursos ambientais e pela preocupação para a paz, para a inclusão e para a justiça social. Os princípios éticos e morais de uma abordagem humanística voltada ao desenvolvimento ajudam a combater a violência, a intolerância, a discriminação e a marginalização. No que diz respeito à educação e ao aprendizado, trata-se de superar a visão restrita do utilitarismo e do economicismo para integrar as múltiplas dimensões da existência humana.[70]

---

[70] UNESCO. *Ripensare l'educazione*: verso um bene comune globale? Brescia: UNESCO, 2019.

Encontro com os estudantes e com o mundo acadêmico[71]

Papa Francisco

Queridos amigos,

Sinto-me feliz por partilhar convosco este momento e agradeço cordialmente ao Reitor e ao estudante as suas intervenções. Não podia vir a Bolonha sem me encontrar com o mundo universitário. A Universidade de Bolonha é desde há quase mil anos um laboratório de humanismo: aqui o diálogo com as ciências inaugurou uma época e plasmou a cidade. Por isso, Bolonha é chamada "a douta": douta mas não pedante, precisamente graças à Universidade, que sempre a tornou aberta, educando cidadãos do mundo e recordando que a identidade à qual se pertence é a da casa comum, da *universitas.*

A palavra *universitas* contém a ideia do *todo* e da *comunidade.* Ajuda-nos a recordar as origens – é tão necessário cultivar a memória! – daqueles grupos de estudantes

---

[71] Discurso feito pelo Papa Francisco durante a visita pastoral a Cesena no terceiro centenário de nascimento do Papa Pio VI, e a Bolonha, na conclusão do Congresso Eucarístico Diocesano. Bolonha, 1º out. 2017.

que começaram a se reunir em torno dos mestres. Dois ideais os estimularam, um "vertical": não se pode viver deveras sem elevar a alma ao conhecimento, sem o desejo de apostar alto; e o outro, "horizontal": a busca deve ser feita juntos, estimulando e partilhando bons interesses comuns. Eis o caráter universal, que nunca tem medo de incluir. Testemunham-no seis mil brasões multicolores, e cada um deles representa a família de um jovem que veio aqui estudar, não só de tantas cidades italianas, mas de muitos países europeus e até da América do Sul! A vossa *Alma Mater*, e cada universidade, está chamada a procurar aquilo que une. O acolhimento que reservais a estudantes provenientes de contextos distantes e difíceis é um sinal positivo: que Bolonha, encruzilhada secular de encontros, de confronto e relação, em tempos recentes berço do projeto *Erasmus*, possa cultivar sempre esta vocação!

Aqui tudo começou em torno do *estudo do direito*, testemunhando que na Europa a universidade tem as raízes mais profundas no humanismo, para o qual contribuíram as instituições civis e a Igreja, nos seus papéis bem distintos. O próprio São Domingos ficou admirado com a vitalidade de Bolonha e com o grande número de estudantes que aqui vinham estudar direito civil e canônico. Com o seu *Studium*, Bolonha soube responder às necessidades da nova sociedade, atraindo estudantes desejosos de saber. São Domingos encontrou-se com eles muitas vezes. Segundo uma narração, foi precisamente um estudante, admirado com o seu conhecimento da Sagrada Escritura, quem lhe perguntou em que livros tinha estudado. É famosa a resposta de Domingos: "Estudei mais no livro da caridade do que noutros; de fato, este livro ensina tudo".

Efetivamente, a busca do bem é a chave para singrar deveras nos estudos; o amor é o ingrediente que dá sabor aos tesouros do conhecimento e, em particular, aos direitos do homem e dos povos. Com este espírito gostaria de vos propor *três direitos*, que me parecem atuais.

Direito à cultura. Não me refiro apenas ao sacrossanto direito que todos têm de aceder ao estudo – em tantas partes do mundo, muitos jovens estão privados dele – mas também ao fato de que, sobretudo hoje, direito à cultura significa tutelar a sabedoria, ou seja, um saber humano e humanizador. Demasiadas vezes vivemos condicionados por modelos de vida banais e efêmeros, que estimulam a perseguir o sucesso a baixo preço, desacreditando o sacrifício, inculcando a ideia de que o estudo não serve se não leva imediatamente a algo concreto. Não, o estudo serve para se questionar, para não se deixar anestesiar pela banalidade, para procurar um sentido na vida. Deve ser reclamado o direito a não fazer prevalecer as tantas sereias que hoje afastam desta busca. Ulisses, para não ceder ao canto das sereias, que encantavam os marinheiros e os faziam espatifar-se contra os rochedos, amarrou-se ao mastro da nau e fechou os ouvidos dos companheiros de viagem. Ao contrário, Orfeu, para contrastar o canto das sereias, fez algo diferente: entoou uma melodia mais bonita, que encantou as sereias. Eis a vossa tarefa: responder aos estribilhos paralisantes do *consumismo cultural* com escolhas dinâmicas e fortes, com a riqueza, o conhecimento e a partilha.

Harmonizando na vida essa beleza preservareis a cultura, a verdadeira. Porque o saber que se põe ao serviço de quem paga mais, que chega a alimentar divisões e a justificar prepotências, não é cultura. *Cultura* – a palavra o diz – é aquilo que *cultiva*, que faz crescer o humano. E diante de tantas lamentações e clamores que nos circundam, hoje não precisamos de quem desabafa gritando, mas de quem promove boa cultura. Servem-nos palavras que alcancem as mentes e disponham os corações, não gritos dirigidos ao estômago. Não nos contentemos com agradar à audiência; não sigamos os teatrinhos da indignação que muitas vezes escondem grandes egoísmos; dediquemo-nos com paixão à educação, ou seja, a "tirar" o melhor de cada um para o bem de todos. Contra uma pseudocultura que faz do homem um descarte, da pesquisa um interesse e da ciência uma técnica, afirmemos juntos uma cultura à medida do homem, uma pesquisa que reconhece os méritos e premia os sacrifícios, uma técnica que não se submete a finalidades mercantis, um progresso no qual tudo o que é cômodo é lícito.

Direito à esperança. Hoje são muitos os que experimentam a solidão e a ansiedade, que sentem o ar pesado do abandono. Então é necessário dar espaço a este direito à esperança: é o direito a não ser invadido diariamente pela retórica do medo e do ódio. É o direito a não ser submergido pelas frases feitas dos populismos nem pela propagação preocupante e lucrativa de falsas notícias. É o direito a ver que se põe um limite razoável ao jornalismo policial para que também as "boas notícias", muitas vezes silenciadas, tenham voz. É o direito para vós jovens de crescer livres do medo do futuro, de saber que na vida existem realidades boas e duradouras, pelas quais vale a pena pôr-se em jogo. É o direito a crer que o amor verdadeiro não é "usa e joga fora" e que o trabalho não é uma miragem a alcançar, mas uma promessa para cada um, que deve ser mantida.

Como seria bom se as salas das universidades fossem *estaleiros de esperança*, oficinas nas quais se trabalha por um futuro melhor, onde se aprende a ser responsável por si e pelo mundo! Sentir a responsabilidade pelo futuro da nossa casa, que é *casa comum*. Por vezes prevalece o receio. Mas hoje vivemos uma crise que é também uma grande oportunidade, um desafio à inteligência e à liberdade de cada um, um desafio que se deve aceitar para ser *artífice de esperança*. E cada um de vós se pode tornar tal para os outros.

Direito à paz. Também este é um direito, e um dever, inscrito no coração da humanidade. Para que "a unidade prevaleça sobre o conflito".⁷² Aqui, nas raízes da universidade europeia, apraz-me recordar que este ano se celebrou o sexagésimo aniversário dos Tratados de Roma, do início da Europa unida. Depois de duas guerras mundiais e de violências atrozes de povos contra povos, a União nasceu para tutelar o direito à paz. Mas hoje muitos interesses e não poucos conflitos parecem fazer esvaecer as grandes visões de paz.

Experimentamos uma fragilidade incerta e a fadiga de ter grandes sonhos. Mas, por favor, não tenhais medo da unidade! Que as lógicas particulares e nacionais não comprometam os sonhos corajosos dos fundadores da Europa unida. E refiro-me não só àqueles grandes homens de cultura e de fé que deram a vida pelo projeto europeu, mas também aos milhões de pessoas que perderam a vida porque não havia unidade nem paz. Não percamos a memória deles!

Há cem anos elevou-se o grito de Bento XV, que fora Bispo de Bolonha, o qual definiu a guerra como um "massacre inútil".⁷³ Desassociar-se em tudo das chamadas "razões da guerra" pareceu a muitos quase uma afronta. Mas a história ensina que a guerra é sempre e só um massacre inútil. Ajudemos, como afirma a Constituição italiana, a "repudiar a guerra" (art. 11), a empreender caminhos de não violência e percursos

---

⁷² FRANCISCO. *Exortação apostólica Evangelii gaudium*, Roma, 24 nov. 2013, nº 226.
⁷³ BENTO XV. *Carta aos chefes dos povos beligerantes*, Vaticano, 1 ago. 1917.

de justiça, que favoreçam a paz. Porque diante da paz não podemos ficar indiferentes ou neutros. O Cardeal Lercaro disse aqui: "A Igreja não pode ser neutra diante do mal, venha ele de onde vier: a sua vida não é neutralidade, mas profecia".[74]

Por isso invoquemos o *ius pacis*, como direito de todos a resolver os conflitos sem violência. Portanto, repitamos: nunca mais à guerra, nunca mais contra os outros, nunca mais sem os outros! Venham à luz os interesses e os enredos, muitas vezes obscuros, de quem fabrica violência, alimentando a corrida às armas e espezinhando a paz com os negócios. A Universidade surgiu aqui para o estudo do direito, para a pesquisa do que defende as pessoas, regula a vida comum e tutela contra as lógicas do mais forte, da violência e do arbítrio. É um desafio atual: afirmar os direitos das pessoas e dos povos, dos mais débeis, de quem é descartado e da criação, nossa casa comum.

Não acrediteis em quem vos diz que lutar por isto é inútil e que nada mudará! Não vos contenteis com sonhos pequenos, mas tende sonhos grandes. Vós, jovens, tende sonhos grandes! Também eu sonho, mas não só enquanto durmo, porque os sonhos verdadeiros fazem-se de olhos abertos e levam-se por diante à luz do sol. Renovo convosco o sonho de "um novo humanismo europeu, ao qual servem memória, coragem e utopia sadia e humana"; de uma Europa mãe, que "respeita

---

[74] LERCARO, G. *Homilia*, 1 jan. 1969.

a vida e dá esperança de vida"; de uma Europa "onde os jovens respirem o ar puro da honestidade, amem a beleza da cultura e de uma vida simples, não poluída pelas solicitações sem fim do consumismo; onde casar e ter filhos sejam uma responsabilidade e uma alegria grande, não um problema criado pela falta de trabalho suficientemente estável.[75] Sonho uma Europa "universitária e mãe" que, ciente da sua *cultura*, infunda *esperança* aos filhos e seja instrumento de *paz* para o mundo. Obrigado.

---

[75] FRANCISCO. *Discurso para a entrega do Prêmio Carlos Magno*, Vaticano, 6 maio 2016.

Mensagem para o lançamento do Pacto Educativo[76]

Caríssimos,

Na carta encíclica *Laudato si'*, convidei a todos para colaborar no cuidado de nossa "casa comum", enfrentando juntos os desafios que nos interpelam. Passados alguns anos, visto que toda a mudança precisa de uma caminhada educativa para fazer amadurecer uma nova solidariedade universal e uma sociedade mais acolhedora, renovo o convite para se dialogar sobre o modo como estamos construindo o futuro do planeta e sobre a necessidade de investir os talentos de todos.

Com esta finalidade, desejo promover um encontro mundial no dia 14 de maio de 2020, que terá como tema "Reconstruir o pacto educativo global": um encontro para reavivar o compromisso em prol e com as gerações jovens, renovando a paixão por uma educação mais aberta e inclusiva, capaz de escuta paciente,

---

[76] FRANCISCO. *Mensagem do Papa Francisco para o lançamento do Pacto Educativo*. Vaticano, 12 set. 2019.

diálogo construtivo e mútua compreensão. Nunca, como agora, houve necessidade de unir esforços em uma ampla *aliança educativa* para formar pessoas maduras, capazes de superar fragmentações e contrastes e reconstruir o tecido das relações rumo a uma humanidade mais fraterna.

O mundo contemporâneo está em transformação contínua, vendo-se agitado por variadas crises. Vivemos uma mudança de época: uma metamorfose não só cultural, mas também antropológica, que gera novas linguagens e descarta, sem discernimento, os paradigmas recebidos da história. A educação é colocada à prova pela rápida aceleração – a chamada *rapidación* –, que prende a existência no turbilhão da velocidade tecnológica e digital, mudando continuamente os pontos de referência. Nesse contexto, perde consistência a própria identidade e desintegra-se a estrutura psicológica perante uma mudança incessante que "contrasta com a lentidão natural da evolução biológica".[77]

Ora, cada mudança precisa de uma caminhada educativa que envolva a todos. Por isso, é necessário construir uma "aldeia da educação", onde, na diversidade, partilhe-se o compromisso de gerar uma rede de relações humanas e abertas. Como afirma um provérbio africano, "para educar uma criança, é necessária uma aldeia inteira". Mas, essa aldeia, temos de construí-la como condição para educar. Antes de mais nada, o terreno deve

---

[77] FRANCISCO. *Carta encíclica Laudato si'*, Roma, 24 maio 2015, n.º 18.

ser bonificado das discriminações com uma inoculação de fraternidade, como defendi no documento que assinei com o Grande Imã de Al-Azhar, em Abu Dhabi,[78] no dia 4 de fevereiro passado.

Em uma aldeia assim, é mais fácil encontrar a convergência global para uma educação que saiba se fazer portadora de uma aliança entre todos os componentes da pessoa: entre o estudo e a vida; entre as gerações; entre os professores, os alunos, as famílias e a sociedade civil, com as suas expressões intelectuais, científicas, artísticas, desportivas, políticas, empresariais e solidárias. Uma aliança entre os habitantes da terra e a "casa comum", à qual devemos cuidado e respeito. Uma aliança geradora de paz, justiça e aceitação entre todos os povos da família humana, bem como de diálogo entre as religiões.

Para atingir esses objetivos globais, a caminhada comum da "aldeia da educação" deve dar passos importantes. Primeiro, ter *a coragem de colocar no centro a pessoa*. Por isso, é preciso assinar um pacto para dar uma alma aos processos educativos formais e informais, que não podem ignorar o fato de que tudo, no mundo, está intimamente conectado e é necessário encontrar – segundo uma sã antropologia – outros modos de compreender a economia, a política, o crescimento e o progresso. Num percurso de ecologia integral, coloca-se no centro

---

[78] FRANCISCO. *Documento sobre a fraternidade humana em prol da paz mundial e da convivência comum*, Abu Dabhi, 4 fev. 2019.

o valor próprio de cada criatura, em relação com as pessoas e com a realidade que a rodeia, e propõe-se um estilo de vida que rejeite a cultura do descarte.

Outro passo é *a coragem de investir as melhores energias* com criatividade e responsabilidade. A ação propositiva e confiante abre a educação para uma perspectiva a longo prazo, que não fique presa à tendência estática das condições. Assim, teremos pessoas abertas, responsáveis, disponíveis a encontrar o tempo para a escuta, o diálogo e a reflexão, e capazes de construir um tecido de relações com as famílias, entre as gerações e com as várias expressões da sociedade civil de modo a constituir um novo humanismo.

Um novo passo é a *coragem de formar pessoas disponíveis para se colocarem ao serviço* da comunidade. O serviço é um pilar da cultura do encontro: "significa inclinar-se sobre quem é necessitado e estender-lhe a mão, sem cálculos nem receio, com ternura e compreensão, como Jesus Se inclinou para lavar os pés dos Apóstolos. Servir significa trabalhar ao lado dos mais necessitados, estabelecer com eles, antes de tudo, relações humanas, de proximidade, vínculos de solidariedade".[79] No serviço, experimentamos que há mais alegria em dar do que em receber (*Atos dos Apóstolos* 20,35). Nesta perspectiva, todas as instituições se devem deixar interpelar acerca

---

[79] FRANCISCO. *Discurso na visita ao Centro Astalli para a assistência aos refugiados*, Roma, 10 set. 2013.

das finalidades e métodos com que desempenham a sua missão formadora.

Por isso, desejo encontrar-vos em Roma a todos vós que, pelos mais variados títulos, trabalhais no campo da educação em todos os níveis da docência e da pesquisa. Convido-vos a promover em conjunto e ativar, por meio de um *pacto educativo* comum, as dinâmicas que conferem um sentido à história e a transformam de maneira positiva. Juntamente convosco, dirijo idêntico apelo a personalidades públicas que ocupem, em nível mundial, cargos de responsabilidade e tenham no peito o futuro das novas gerações; espero que acolham o meu convite. E faço apelo também a vós, jovens, para que participeis no encontro e sintais plena responsabilidade de construir um mundo melhor. O encontro será no dia 14 de maio de 2020 em Roma, na Aula Paulo VI do Vaticano. Uma série de seminários temáticos, em várias instituições, acompanhará a preparação do encontro.

Juntos, procuremos encontrar soluções, iniciar sem medo processos de transformação e olhar para o futuro com esperança. Convido a cada um para ser protagonista dessa aliança, assumindo o compromisso pessoal e comunitário de cultivar, juntos, o sonho de um humanismo solidário, que corresponda às expectativas do homem e ao desígnio de Deus.

Fico à vossa espera e, desde já, vos saúdo e abençoo.

Francisco

COMUNIDADE

Comunidade

Carlo Petrini

Na primavera de 2017, em concomitância com o segundo aniversário da publicação da encíclica *Laudato si'*, uma parte do movimento Slow Food e da diocese de Rieti, junto a cidadãos dos mais diferentes estratos e pertencimentos sociais, sentia a necessidade de agir para tentar pôr em prática no cotidiano a mensagem de transformação da ecologia integral, núcleo profundo da encíclica. Diante de uma situação ambiental em contínuo degrado e de um tecido social sempre mais desgastado e frágil, era forte a urgência para retomar um percurso de ação e de participação comum, capaz de integrar católicos e não católicos, ambientalistas ou não, jovens e nem tão jovens em torno de um texto considerado universalmente perturbador, como a encíclica. Uma união espontânea entre cidadãos prontos a mudar concretamente os próprios comportamentos individuais e a promover um modelo diferente de convivência civil e de abordagem ecológica, na pequenez da própria cotidianidade, para se tornarem promotores de um novo paradigma.

Assim nasceram as Comunidades Laudato si', que hoje estão lentamente se difundindo por toda a Itália e no exterior, sem virar notícia e sem clamor, mas realizando iniciativas cívicas, envolvendo os próprios territórios em reflexões e ações positivas e propositivas para cuidar da nossa casa comum. Agremiações livres, não hierárquicas, não confessionais e não partidárias. Lembro-me de quando, na gênese desse movimento, levantou-se o problema de nomear corretamente as realidades territoriais. Muito nos perguntamos sobre qual seria a melhor forma. Comitê, grupo espontâneo, associação? A escolha por fim recaiu em "comunidade" e, conforme o tempo passa e temos maneiras de refletir sobre o desenvolvimento do projeto, podemos dizer que isso não foi um acaso.

O momento histórico que estamos atravessando se coloca diante da crise profunda das organizações hiperestruturadas. O exemplo mais óbvio é o dos partidos políticos, mas na realidade não é muito diferente se falamos de associações ou de movimentos clássicos. O pertencimento rígido, baseado em uma hierarquia organizacional, sob uma filiação e participação tradicional, hoje não funciona. Entendemos que não estamos falando de uma crise na adesão de participação, mas ao contrário. Os cidadãos se mobilizam ativamente em torno das causas que consideram justas, estão prontos para ir às ruas e tomar a iniciativa, mas, diferentemente do passado, não se identificam rigidamente com os movimentos que vez ou outra nascem e praticam uma participação fluida, que se move em ondas. Os exemplos são muitos e dizem respeito a âmbitos diversos. Basta pensar, no caso italiano, na velocidade com que o Movimento 5 Estrelas conseguiu picos de consenso nunca vistos para, depois, com a mesma velocidade, cair a percentuais muito baixos. Isso também vale para os Coletes Amarelos na França e para muitas outras associações, europeias ou não, que, mesmo sem ter perdido o número de adeptos ideal, vê, no entanto, o número dos seus membros registrados decair continuamente. Nesse clima de desestruturação e de liquidez geral, o que pode ainda agregar, organizar a participação de maneira duradoura? Aí se volta às comunidades, que são capazes de representar o contexto social adaptado a um novo modelo de convivência entre as pessoas. Isso porque o próprio conceito de comunidade incorpora dois valores fundamentais para o desenvolvimento dos grupos humanos em sentido amplo.

De um lado, a exigência de passar da sociedade de competição à de cooperação. Nesse sentido, a dimensão comunitária é a única capaz de garantir uma reversão conceitual. Por um século o discurso dominante conseguiu com sucesso uma lavagem cerebral generalizada em torno do nó central da competitividade. Uma categoria que, partindo das análises econômicas dos mercados, terminou por colonizar o nosso imaginário (fazendo eco a Latouche) e por orientar toda a nossa ação pessoal e social. Fomos educados a desenvolver rigorosamente, como indivíduos, instrumentos culturais, intelectuais, técnicos e tecnológicos destinados a nos fazer liderar uma imaginária corrida ao ouro para obter sucesso no trabalho, realização pessoal e reconhecimento social. Expectativas mais do que legítimas, mas que se tornaram insanas em torno da crença induzida de que a única maneira para alcançá-las seria ter um desempenho melhor do que o dos outros. A armadilha da competitividade gera ansiedade e frustração, um sentimento de inadequação contínua e de fragilidade. Cada sucesso conseguido hoje é ameaçado por quem será capaz de fazer melhor do que nós amanhã, em um vórtice de precariedade social que gera aquela "cultura do descarte" a que se refere o Papa Francisco na própria *Laudato si*", retomando categorias sociológicas já introduzidas por Zygmunt Bauman no início dos anos 2000. Desequilibrar esse sistema de valores ansiogênico é premissa necessária para um novo humanismo, para uma real revolução ecológica e progressista, para voltar a pensar em um mundo promissor para todos os seus habitantes. É um processo extremamente lento e complexo, porque não basta um estalar de dedos para cancelar um sistema de valores inculcado na nossa cabeça desde crianças. Ao contrário, é necessário começar de baixo, das pequenas mudanças cotidianas, reconstruindo um tecido comunitário adaptado à realização humana universal, e não fundamentado no sucesso individual como única medida. As comunidades crescem lentamente pela dificuldade de dar esse salto e superar as barreiras mentais que nos construíram e que, onde existam, são sólidas e longevas. Por vezes nos cansa pensar em um outro mundo possível, e quem o propõe arrisca se ver tomado como um sonhador incurável, um ingênuo incapaz de dar conta das próprias fantasias contra a realidade. No entanto, as comunidades nos mostram que um modelo diferente não só é possível, mas já está difundido e vibrante entre nós.

Por outro lado, as comunidades são os contextos nos quais a inteligência afetiva e a anarquia austera são naturalmente aplicadas e vividas. São conceitos sobre os quais falei muitas vezes porque acredito que são realmente as bases fundadoras da comunidade e também um novo horizonte de convivência ecológica. A inteligência afetiva é aquela que nos consente sentir-nos parte de uma comunidade de destino, que compartilha um percurso comum, a despeito de cada uma das individualidades. Desse modo, desequilibra-se completamente o conceito de competitividade, que é naturalmente substituído pelo de "segurança afetiva", capaz de redimensionar e fazer desmoronar o muro da ansiedade social e da corrida pelo melhor desempenho. A inteligência afetiva escapa das regras da sociedade consumista, em que reinam o individualismo e a racionalidade mais rigorosa. As comunidades sabem praticar a fraternidade. Nas comunidades o erro é admitido, a comunidade não abandona os próprios membros, não exige que trabalhem continuamente. A comunidade se identifica, por outro lado, com um projeto comum, é uma rede de relações e de vizinhanças que não pode ser arranhada pelo mundo exterior. Além disso, não existe bem-estar na comunidade se não é para todos. Este é um ponto crucial que orienta necessariamente a ação coletiva comunitária e que invoca a inteligência afetiva.

A anarquia austera, que é o segundo pilar da comunidade, é aquela que permite uma organização não hierárquica e não rígida, que admite a realização individual sem comprometer o bem-estar comum, que favorece as inclinações pessoais, acolhendo-se em um projeto de crescimento coletivo e refutando o dogma da competitividade a todo custo. E aqui voltamos inevitavelmente à crise das organizações estruturadas. As comunidades são imunes até porque praticam uma anarquia austera. O pertencimento a uma comunidade não está subordinado ao papel desempenhado lá e não existem hierarquias preestabelecidas. A participação se pratica com a presença e com o comprometimento, os projetos surgem da cooperação e do confronto. A organização é fluida e se modifica de acordo com as necessidades e a contribuição que os indivíduos possam oferecer em um dado momento. É o conceito de "democracia verde", que o neurobiólogo vegetal Stefano Mancuso recentemente desenvolveu. Um pensamento que nos convida a abandonar o "modelo animal" baseado em um cérebro que coordena rigidamente todas as atividades do organismo para se aproximar do vegetal, que não tem um centro único, no qual qualquer parte do organismo é capaz de gerar e regenerar-se, contribuindo para o bem--estar coletivo, sem, todavia, ser dependente do centro.

Pode parecer paradoxal abordar um discurso sobre a fluidez das organizações em um diálogo com o máximo representante de uma organização que há dois mil anos é emblema da hierarquia e da organização vertical. No entanto, as comunidades sempre fizeram parte do panorama organizacional religioso, em todas as regiões e latitudes. Hoje as novas comunidades são capazes de realizar a mudança porque possuem uma enorme força de transformação, também dentro da Igreja Católica.

Ao longo da minha vida tive a sorte de vivenciar pessoalmente muitíssimos exemplos de comunidades desse tipo. Penso nas mulheres de Essaouira, em Marrocos, que no começo dos anos 1980 começaram a se unir para desmontar um sistema social e econômico profundamente patriarcal que as relegava a um papel de coadjuvantes. Assim nasceu toda a economia do óleo de argan, que hoje representa a menina dos olhos da agricultura do sul do Marrocos e garantiu a emancipação e o desenvolvimento de milhares de mulheres. Uma economia totalmente baseada no sistema cooperativo, feito de ajuda mútua, e não de competição impiedosa, capaz de regenerar um setor que parecia destinado ao esquecimento e ao desaparecimento. Não se trata apenas de um progresso de caráter econômico, porque o progresso que surgiu da associação dessas mulheres, reunidas em comunidade, soube transformar profundamente o contexto social e cultural daquela parte do mundo, soube reescrever as regras, garantindo democracia, representatividade e autoridade a uma grande fatia da população que até então estava completamente excluída dos processos de decisão. Foi um novo modelo de organização que, além de tudo, inspirou as outras Chefias Slow Food do mundo, que não por acaso devem estar centradas em uma comunidade de produtores e coprodutores que lhes garanta a dimensão coletiva.

Ou então, para procurar exemplos mais próximos de nós, vem à mente a incrível experiência do Forno Brisa, em Bolonha. Uma padaria que nasceu da ideia de quatro jovens decididos a produzir pães e derivados de maneira natural, com *levain*, tentando agregar a eles uma comunidade de cidadãos. Hoje, há alguns anos da abertura do negócio, esses mesmos jovens lançaram uma assinatura para ampliar a atividade e para fazer novos investimentos produtivos, integrando a cadeia agrícola à de panificação, adquirindo terrenos para cultivarem os próprios cereais. Bem, a comunidade de cidadãos que se identifica com o projeto do Forno Brisa respondeu de maneira incrível e, em poucos meses, conseguiram uma enorme cifra para fazer frente aos novos investimentos. Dinheiro que provavelmente nenhum banco jamais emprestaria para esse tipo de iniciativa e que encontrou na comunidade um investimento seguro, um atestado de confiança e de crédito sem precedentes. Esses exemplos nos falam de uma nova visão da economia que é, antes de tudo, uma nova visão da política. As pessoas têm mais do que nunca necessidade de "boa companhia", têm urgência de se saberem parte de um projeto de emancipação e de bem-estar comum. Com essa certeza nada é impossível e sobretudo ninguém é indigno de fazer parte da comunidade. Esta nova visão representa uma resposta também nos tempos difíceis de saída da pandemia. A pesada crise econômica e social é mais suportável quando existe uma rede de contenção, quando existe um sentimento de pertencimento coletivo forte; do contrário, se está sozinho.

O ex-presidente agricultor do Uruguai, o meu amigo José "Pepe" Mujica, um dia durante uma entrevista disse: "Eu não sou verdadeiramente pobre porque tenho tudo aquilo de que preciso para viver; ser pobre não significa não ter, mas estar fora da comunidade. E isso eu não estou". Talvez seja verdadeiramente essa a distinção entre riqueza e pobreza, porque na solidão não existe bem-estar, nunca. As comunidades têm também a força para ir além das afinidades nacionais, sociais, econômicas e étnicas. Em 2013, durante um dos picos da crise na Síria em que milhares de pessoas viam suas próprias casas serem destruídas e eram obrigadas a escapar para os campos de refugiados montados da melhor maneira pelas organizações internacionais, a rede de Terra Madre nos presenteou um grande exemplo de solidariedade. A mobilização foi geral, partindo dos ativistas libaneses, que são muito frequentemente abertos para acolher, até chegarem aos alemães, que rapidamente conseguiram fazer chegar ao próprio país algumas famílias em fuga. Uma dessas famílias é a de Ali, um rapaz que depois teve a oportunidade de estudar na Università di Scienze Gastronomiche di Pollenzo, com uma bolsa de estudo doada pela comunidade Terra Madre e que hoje pode gozar de seus 25 anos cheios de oportunidades, de possibilidade e de segurança. Essa é a enorme força da comunidade que sabe olhar além de interesses individuais, sabe praticar a solidariedade incondicional e sabe também encontrar soluções criativas para as crises. Obviamente, a história de Ali é uma gota em um mar de sofrimento, porém não devemos nos esquecer de que toda família vale, e de que todo esforço, por menor e mais insignificante que seja, impacta o contexto global.

Enfim, as comunidades tornam seu um instrumento metodológico e político adicional: o diálogo. Não na acepção tradicional do confronto civil, mas com toda a potência indicada por Romano Guardini, a qual tivemos nas entrevistas com o Papa Francisco. O diálogo como método de evolução do pensamento e de superação de barreiras. Não por meio da prevaricação, mas por uma síntese capaz de elevar o nível de onde estão as pessoas que discutem, ou melhor, que dialogam. Uma prerrogativa, essa do diálogo, que permite às comunidades estarem na vanguarda no plano de elaboração teórica e da perspectiva política. Penso nesse caso, a título de exemplo, nas próprias Comunidades Laudato si', as quais do seu nascimento organizaram três momentos de discussão e de elaboração que de fato se revelaram precursores de uma mobilização mais ampla: o primeiro, em julho de 2018, apontou seus holofotes sobre a importante questão dos plásticos, com visões significativas sobre o movimento ambientalista e sobre o ativismo de ecologia num sentido mais amplo, fazendo disso um símbolo de como qualquer um pode modificar os próprios comportamentos cotidianos para mudar o mundo. O segundo, em julho de 2019, partiu do paradigma amazônico para sublinhar como o desmatamento é uma das principais ameaças ao equilíbrio do ecossistema do planeta Terra. Uma operação que deu início a um amplo movimento, pelo menos no território italiano, que promove o reflorestamento, a plantação de árvores e o comprometimento coletivo com isso. Por fim, o terceiro e último até este momento, em julho de 2020, teria sido abordar em 360 graus uma outra questão crucial do nosso tempo: a gestão dos recursos hídricos e o acesso à água. A emergência do Covid-19 nos impediu de realizá-lo fisicamente, mas a discussão é impulsionada na Rede e nas comunidades em nível territorial. Ora, sem necessariamente querer comemorar um sucesso, é inevitável não notar como o método de diálogo e de participação próprio das Comunidades teve um papel decisivo em garantir um impacto importante nesses assuntos e sobretudo em envolver as pessoas em um projeto de mudança individual e global. Temas elaborados nas pequenas Comunidades, mas que depois tiveram repercussões importantes, em nível público ou de mobilização pessoal e de boas práticas dos indivíduos. Em resumo, "praticar a comunidade" nos remete ao fato de que o modelo capitalista e individualista no qual estamos imersos não tem nada de natural e inevitável, é simplesmente o fruto de uma hegemonia cultural construída ao longo dos séculos por atores que dela se aproveitaram. Estamos diante de duas cosmogonias diversas, uma baseada no conflito e na competição (utilizados como instrumentos de avaliação do bem e do mal), e outra baseada na cooperação, no compartilhamento, na inteligência afetiva. Uma dicotomia que diz respeito a todos os âmbitos da ação humana individual e coletiva, e que se reflete de maneira evidente também no *front* econômico.

De um lado temos um ultracapitalismo predatório baseado na exploração do homem pelo homem e no esgotamento dos recursos naturais; de outro, uma economia dos bens comuns e dos bens relacionais, que põe ao centro o ser humano com todas as criaturas e essas em relação inseparável com o planeta que os abriga. As comunidades são o modelo a ser seguido para descolonizar de uma vez por todas o nosso pensamento, para nos restituir a capacidade de pensar em um modo diferente de convivência, para nos habituarmos novamente a sonhar um outro mundo possível.

(Re)thinking Europe[80]

Papa Francisco

Eminências, Excelências,
Distintas autoridades,
Senhoras e senhores,

Sinto-me feliz por participar neste momento conclusivo do Diálogo *(Re)thinking Europe. Uma contribuição cristã ao futuro do projeto europeu*, promovido pela Comissão dos Episcopados da Comunidade Europeia (COMECE). Saúdo de modo particular o Presidente, Sua Eminência o Cardeal Reinhard Marx, assim como o dep. Antonio Tajani, Presidente do Parlamento Europeu, aos quais agradeço as deferentes palavras que há pouco me dirigiram. A cada um de vós desejo expressar vivo apreço por terdes participado tão numerosos neste importante âmbito de debate. Obrigado!

---

[80] Discurso do Santo Papa Francisco aos participantes da conferência *(Re)thinking Europe*, promovida pela Comissão dos Episcopados da Comunidade Europeia (COMECE), em colaboração com a Secretaria de Estado. Vaticano, 28 out. 2017.

O *Diálogo* desses dias forneceu a oportunidade para refletir amplamente acerca do futuro da Europa com uma multiplicidade de perspectivas, graças à presença entre vós de diversas personalidades eclesiásticas, políticas, acadêmicas ou simplesmente provenientes da sociedade civil. Os jovens puderam expor as suas expectativas e esperanças, confrontando-se com os mais velhos, os quais, por sua vez, tiveram a oportunidade de oferecer a sua bagagem cheia de reflexões e de experiências. É significativo que este encontro tenha pretendido ser, em primeiro lugar, um *diálogo* no espírito de um confronto livre e aberto, para enriquecer-se reciprocamente e iluminar o *caminho do futuro* da Europa, ou seja, o caminho que todos juntos estão chamados a percorrer para superar as crises que atravessamos e enfrentar os desafios que nos aguardam.

Falar de uma *contribuição cristã* ao futuro do continente significa antes de tudo questionar-se acerca da nossa tarefa como cristãos hoje, nestas terras tão ricamente plasmadas ao longo dos séculos pela fé. Qual é a nossa responsabilidade em um tempo em que o rosto da Europa está cada vez mais associado a uma pluralidade de culturas e de religiões, enquanto para muitos o cristianismo é sentido como um elemento do passado, distante e alheio?

Pessoa e comunidade

No ocaso da civilização antiga, quando as glórias de Roma se tornaram aquelas ruínas que ainda hoje podemos admirar na cidade; quando novos povos pressionavam nas fronteiras do antigo Império, um jovem fez ecoar a voz do Salmista: "Quem é o homem que pretende a vida e deseja ver dias felizes?".[81] Ao propor esta questão no Prólogo da *Regra*, São Bento apresentou à atenção dos seus contemporâneos, e também à nossa, um conceito do homem radicalmente diverso do que tinha distinguido o classicismo greco-romano, e ainda mais daquele violento que caracterizara as invasões bárbaras. O homem já não é simplesmente um *civis*, um cidadão dotado de privilégios para consumir no ócio; já não é um *miles*, servidor combativo do poder do momento; sobretudo já não é um *servus*, mercadoria de intercâmbio desprovida de liberdade destinada unicamente ao trabalho e à fadiga.

São Bento não repara na condição social, nem na riqueza, nem no poder que se tem. Ele apela à natureza comum de cada ser humano, que, seja qual for a sua condição, manifesta anseio pela vida e deseja dias felizes. Para Bento não existem papéis, mas pessoas: não há adjetivos, há substantivos. É precisamente este um dos valores fundamentais que o cristianismo trouxe: o sentido da pessoa, constituída à imagem de Deus.

---

[81] BENTO DE NÚRSIA. *Prólogo*. Regra de São Bento, século VI, 14, SL 33, 13.

A partir deste princípio construir-se-ão os mosteiros, que se tornarão, com o tempo, berço do renascimento humano, cultural, religioso e também econômico do continente.

A primeira, e talvez maior, contribuição que os cristãos podem dar à Europa de hoje é recordar-lhe que ela não é um conjunto de números ou de instituições, mas é constituída por pessoas. Infelizmente, observa-se com frequência que qualquer debate se reduz facilmente a uma discussão sobre números. Não existem os cidadãos, mas os votos. Não existem os migrantes, mas as quotas. Não existem os trabalhadores, mas os indicadores econômicos. Não existem os pobres, mas os limiares de pobreza. Dessa forma, o aspecto concreto da pessoa humana é reduzido a um princípio abstrato, mais cômodo e tranquilizador. Compreende-se a razão: as pessoas têm rostos, obrigam-nos a uma responsabilidade real, concreta, "pessoal"; os números ocupam-nos com raciocínios, até úteis e importantes, mas permanecerão sempre sem alma. Oferecem-nos o álibi para uma desvinculação, porque nunca nos tocam na carne.

Reconhecer que o outro é antes de tudo uma pessoa, significa valorizar aquilo que me une a ele. Ser pessoas liga-nos aos outros, faz-nos ser *comunidade*. Por conseguinte, a segunda contribuição que os cristãos podem dar ao futuro da Europa é a redescoberta do sentido de pertença a uma comunidade. Não foi por acaso que os Pais fundadores do projeto europeu escolheram precisamente esta palavra para identificar o novo sujeito político que se ia constituindo. A comunidade é o maior antídoto contra os individualismos que caracterizam o nosso tempo, aquela tendência hoje generalizada no Ocidente a conceber-se e a viver em solidão. Compreende-se mal o conceito de liberdade, interpretando-o quase como se fosse *o dever de estar sós*, desvinculados de qualquer laço, e por conseguinte construiu-se uma sociedade desenraizada e desprovida de sentido de pertença e de herança. E, a meu ver, isso é grave.

Os cristãos reconhecem que a sua identidade é, em primeiro lugar, relacional. Eles estão inseridos como membros de um corpo, a Igreja (Cor 12,12), na qual cada um com a sua identidade e peculiaridade participa livremente na edificação comum. Analogamente, essa relação verifica-se também no âmbito dos relacionamentos interpessoais e da sociedade civil. Diante do outro, cada um descobre o seu valor e os seus defeitos; os seus pontos de força e as suas debilidades: em outras palavras, descobre o seu rosto, compreende a sua identidade.

A família, como primeira comunidade, permanece sendo o lugar mais fundamental dessa descoberta. Nela, a diversidade é exaltada e, ao mesmo tempo, é incluída na unidade. A família é a *união harmoniosa das diferenças* entre o homem e a mulher, que é tanto mais verdadeira e profunda quanto mais é generativa, capaz de se abrir à vida e aos outros. De igual modo, uma comunidade civil é viva se souber ser aberta, se souber acolher a diversidade e os talentos de cada um e, simultaneamente, se souber gerar novas vidas, assim como desenvolvimento, trabalho, inovação e cultura.

Portanto, pessoa e comunidade são as bases da Europa para cuja construção, enquanto cristãos, queremos e podemos contribuir. Os tijolos deste edifício chamam-se: diálogo, inclusão, solidariedade, desenvolvimento e paz.

Lugar de diálogo

Hoje toda a Europa, do Atlântico aos Urais, do Polo Norte ao Mar Mediterrâneo, não pode se permitir perder a oportunidade de ser prioritariamente um *lugar de diálogo*, ao mesmo tempo sincero e construtivo, no qual todos os protagonistas têm igual dignidade. Somos chamados a edificar uma Europa na qual nos possamos encontrar e confrontar a todos os níveis, em um certo sentido como era a antiga *ágora*. Com efeito, era assim a praça da *polis*. Não só um espaço de intercâmbio econômico, mas também coração nevrálgico da política, sede na qual se elaboravam as leis para o bem-estar de todos; lugar situado em frente do templo, de modo que à dimensão horizontal da vida diária nunca faltasse a visão transcendente, que faz olhar para além do efêmero, do passageiro e do provisório.

Isto leva-nos a considerar o papel positivo e construtivo que em geral a religião possui na edificação da sociedade. Penso, por exemplo, na contribuição do diálogo inter-religioso para favorecer o conhecimento recíproco entre cristãos e muçulmanos na Europa. Infelizmente, um certo preconceito laicista, ainda dominante, não é capaz de entender o valor positivo para a sociedade do papel público e objetivo da religião, preferindo relegá-la para uma esfera meramente particular e sentimental. Deste modo, instaura-se também o predomínio de um certo *pensamento único*,[82] bastante difundido nas instâncias internacionais, que vê na afirmação de uma identidade religiosa um perigo para si e para a própria hegemonia, acabando deste modo por favorecer uma contraposição artificial entre o direito à liberdade religiosa e outros direitos fundamentais. Há entre eles um divórcio.

Favorecer o diálogo – qualquer diálogo – é uma responsabilidade basilar da política e, infelizmente, observa-se com frequência que ela se transforma sobretudo em sede de conflito entre as forças contrárias. À voz do diálogo substituem-se os gritos das reivindicações. De várias partes se tem a impressão de que o bem comum já não é o objetivo primário perseguido e este desinteresse é sentido por muitos cidadãos. Encontram assim terreno fértil em muitos países as formações extremistas e populistas, que fazem da contestação o centro da sua

---

[82] FRANCISCO. *A ditadura do pensamento único*. Vaticano, 10 abr. 2014.

mensagem política, sem, contudo, oferecer uma alternativa para um projeto político construtivo. O diálogo é substituído, ou por uma contraposição estéril, que pode até pôr em perigo a convivência civil, ou por uma hegemonia do poder político que prende e impede uma verdadeira vida democrática. Na primeira situação, destroem-se as pontes e, na segunda, erguem-se muros. E hoje a Europa conhece ambas.

Os cristãos são chamados a favorecer o diálogo político, sobretudo onde ele está ameaçado e onde parece prevalecer o conflito. Os cristãos são chamados a voltar a dar dignidade à política, entendida como máximo serviço ao bem comum, e não como uma ocupação de poder. Isso exige também uma formação adequada, porque a política não é "a arte da improvisação", mas uma expressão nobre de abnegação e dedicação pessoal em benefício da comunidade. Para ser *leader* são necessários estudo, preparação e experiência.

Âmbito inclusivo

Responsabilidade comum dos líderes é favorecer uma Europa que seja uma comunidade *inclusiva*, livre de um mal-entendido de fundo: inclusão não é sinônimo de nivelamento indiferenciado. Ao contrário, somos autenticamente inclusivos quando sabemos valorizar as diferenças, assumindo-as como patrimônio comum e enriquecedor. Nesta ótica, os migrantes são um recurso, não um peso. Os cristãos são chamados a meditar seriamente sobre a afirmação de Jesus: "Eu era estrangeiro e acolhestes-me" (Mt 25,35). Sobretudo perante o drama dos migrantes e refugiados, não podemos esquecer que estamos diante de pessoas, que não podem ser escolhidas ou descartadas a nosso bel-prazer, segundo lógicas políticas, econômicas ou até religiosas.

Todavia, isso não contrasta com o dever que cada autoridade de governo tem de gerir a questão migratória "com a virtude própria do governante, isto é, a prudência",[83] que deve levar em consideração tanto a necessidade de manter um coração aberto, como a possibilidade de integrar plenamente nos planos social, econômico e político aqueles que chegam ao país. Não se pode pensar que o fenômeno migratório é um processo indiscriminado e sem regras, mas também não se podem erguer muros de indiferença ou de medo. Por sua vez, os próprios migrantes não devem descuidar o grave dever de conhecer, respeitar e até assimilar a cultura e as tradições da nação que os recebe.

Espaço de solidariedade

Trabalhar a favor de uma comunidade inclusiva significa edificar um *espaço de solidariedade*. Efetivamente, ser comunidade implica a ajuda recíproca e, portanto, não podem ser apenas alguns a carregar pesos e a fazer sacrifícios extraordinários, enquanto outros permanecem

---

[83] FRANCISCO. *Conferência de imprensa durante o voo de regresso a Roma*, 10 set. 2017.

escondidos na defesa de posições privilegiadas. Uma União Europeia que, ao enfrentar as suas crises, não voltasse a descobrir o sentido de ser uma única comunidade que se sustém e se ajuda – e não um conjunto de pequenos grupos de interesse – perderia não só um dos desafios mais importantes da sua história, mas também uma das maiores oportunidades para o seu futuro.

Solidariedade, uma palavra que muitas vezes parece que se deseja eliminar do dicionário. A solidariedade, que na perspectiva cristã encontra a sua razão de ser no preceito do amor (Mt 22,37-40), não pode deixar de ser a linfa vital de uma comunidade viva e madura. Juntamente com o outro princípio fundamental da subsidiariedade, ela diz respeito não apenas às relações entre os Estados e as regiões da Europa. Ser uma comunidade solidária significa cuidar dos mais frágeis da sociedade, dos pobres, de quantos são descartados pelos sistemas econômicos e sociais, a começar pelos idosos e pelos desempregados. Mas a solidariedade exige também que se recuperem a colaboração e o apoio recíproco entre as gerações.

A partir dos anos de 1960 existe um conflito geracional sem precedentes. Ao transmitir às novas gerações os ideais que fizeram grande a Europa, podemos dizer hiperbolicamente que à tradição se preferiu a traição. À rejeição daquilo que provinha dos pais seguiu-se assim o tempo de uma esterilidade dramática. Não só porque na Europa se fazem poucos filhos – o nosso inverno demográfico – e demasiados deles foram privados do direito de nascer, mas também porque nos descobrimos incapazes de legar aos jovens os instrumentos materiais e culturais para enfrentar o futuro. A Europa vive uma espécie de *falta de memória*. Voltar a ser comunidade solidária significa redescobrir o valor do próprio passado, para enriquecer o próprio presente e comunicar à posteridade um porvir de esperança.

Ao contrário, muitos jovens sentem-se desorientados face à ausência de raízes e de perspectivas, estão erradicados, "ao sabor das ondas, agitados por qualquer sopro de doutrina" (Ef 14);[84] e por vezes até "prisioneiros" de adultos possessivos, que têm dificuldade de desempenhar o papel que lhes compete. É grave a tarefa de educar, não só oferecendo um conjunto de conhecimentos técnicos e científicos, mas sobretudo trabalhando "na promoção da perfeição integral da pessoa humana, no bem da sociedade terrestre e na edificação de um mundo configurado mais humanamente".[81] Isso exige o engajamento da sociedade inteira. A educação é uma tarefa comum, que requer a participação ativa dos pais e, ao mesmo tempo, da escola e da universidade, das instituições religiosas e da sociedade civil. Sem educação não se gera cultura e torna-se árido o tecido vital das comunidades.

---

[84] PAULO VI. *Declaração Gravissimum educationis*, Concílio Ecumênico do Vaticano II, Roma, 28 out. 1965.

Fonte de desenvolvimento

A Europa que se redescobre comunidade certamente será uma *fonte de desenvolvimento* para si mesma e para o mundo inteiro. O desenvolvimento deve ser entendido no sentido que o Beato Paulo VI atribuiu a esta palavra. "Para ser autêntico, [o desenvolvimento] deve ser integral, quer dizer, promover todos os homens e o homem todo, como justamente destacou um eminente especialista: 'Não aceitamos que o econômico se separe do humano; nem o desenvolvimento, das civilizações em que ele se inclui. O que conta para nós é o homem, cada homem, cada grupo de homens, até chegar à humanidade inteira'".[85]

Sem dúvida, para o desenvolvimento do homem contribui o trabalho, que é um fator essencial para a dignidade e o amadurecimento da pessoa. O trabalho é necessário assim como são necessárias condições adequadas de trabalho. No século passado, não faltaram exemplos eloquentes de empresários cristãos que compreenderam como o sucesso das suas iniciativas dependia antes de tudo da possibilidade de oferecer oportunidades de emprego e condições dignas de ocupação.

É preciso recomeçar a partir do espírito daquelas iniciativas, que constituem também o melhor antídoto contra os desequilíbrios provocados por uma *globalização sem alma*, uma globalização "esférica" que, mais atenta ao

---

[85] PAULO VI. *Carta encíclica Populorum progressio,* Roma, 26 mar. 1967.

lucro do que às pessoas, criou difundidas bolsas de pobreza, desemprego, exploração e mal-estar social.

Seria oportuno voltar a descobrir também a necessidade de uma concretude do trabalho, sobretudo para os jovens. Hoje muitos tendem a evitar ocupações em setores outrora cruciais, porque são considerados cansativos e pouco rentáveis, esquecendo-se de que eles são indispensáveis para o desenvolvimento humano. O que seria de nós, sem o compromisso das pessoas que, com o seu trabalho, contribuem para a nossa alimentação cotidiana? O que seria de nós, sem o trabalho paciente e industrioso de quantos tecem as roupas que vestimos ou constroem as casas que habitamos? Muitas profissões hoje consideradas de segunda categoria são fundamentais. São-no do ponto de vista social, mas acima de tudo pela satisfação que os trabalhadores recebem de poderem ser úteis para si mesmos e para os outros, por meio do seu esforço diário.

Compete igualmente aos governos criar as condições econômicas que favoreçam um empresariado saudável e níveis adequados de emprego. A política tem especialmente a tarefa de reativar um *círculo virtuoso* que, a partir de investimentos a favor da família e da educação, permita o desenvolvimento harmonioso e pacífico de toda a comunidade civil.

Promessa de paz

Por fim, o compromisso dos cristãos na Europa deve constituir uma *promessa de paz*. Foi este o pensamento principal que animou os signatários dos Tratados de Roma. Depois de duas guerras mundiais e de violências atrozes de povos contra povos, tinha chegado a hora de afirmar o direito à paz.[86] É um direito! No entanto, ainda hoje vemos que a paz é um bem frágil, e as lógicas particulares e nacionais correm o risco de tornar vãos os sonhos intrépidos dos fundadores da Europa.[87]

Todavia, ser pacificador (Mt 5,9) não significa unicamente esforçar-se para evitar as tensões internas, trabalhar para pôr fim a numerosos conflitos que ensanguentam o mundo ou levar alívio a quantos sofrem. Ser operador de paz significa fazer-se promotor de uma *cultura da paz*. Isso exige amor pela verdade, sem a qual não podem existir relacionamentos humanos autênticos, e promoção da justiça, sem a qual a opressão é a norma predominante de qualquer comunidade.

A paz exige também a criatividade. A União Europeia será fiel ao seu compromisso de paz na medida em que não perder a esperança e souber se renovar para responder às necessidades e às expectativas dos próprios cidadãos. Há cem anos, exatamente nestes dias,

---

[86] FRANCISCO. *Discurso aos estudantes e ao mundo acadêmico*, Bolonha, 1 out. 2017.
[87] Ibidem.

começava a batalha de Caporetto, uma das mais dramáticas da Grande Guerra. Ela constituiu o ápice de uma guerra de desgaste, como foi o primeiro conflito mundial, que teve a triste primazia de ceifar incontáveis vítimas diante de conquistas irrisórias. Daquele acontecimento aprendemos que se nos entrincheirarmos por detrás das nossas posições, acabaremos por sucumbir. Portanto, este não é o momento de construir trincheiras, mas de ter a coragem de trabalhar para perseguir plenamente o sonho dos Padres fundadores de uma Europa unida e concorde, comunidade de povos desejosos de compartilhar um destino de desenvolvimento e de paz.

Ser alma da Europa

Eminências, Excelências,
Ilustres convidados,

O autor da *Carta a Diogneto* afirma que "o que é a alma no corpo, assim são os cristãos no mundo".[88] Nesta época, eles são chamados a dar uma nova alma à Europa, a despertar a sua consciência, não para ocupar espaços – isto seria proselitismo – mas para animar processos,[89] que gerem novos dinamismos na sociedade. Foi precisamente o que fez São Bento, não por acaso proclamado por Paulo VI padroeiro da Europa: ele não se preocupou por ocupar os espaços de um mundo

---

[88] CARTA A DIOGNETO, 120 d.C.
[89] FRANCISCO. *Exortação apostólica Evangelii gaudium*, Roma, 24 nov. 2013, nº 223.

perdido e confuso. Sustentado pela fé, ele olhou para mais além e, de uma pequena gruta de Subiaco, deu vida a um movimento contagioso e incontível, que redesenhou o semblante da Europa. Ele, que foi "mensageiro de paz, realizador de união e mestre de civilização",[90] mostra também a nós, cristãos de hoje, que da fé brota sempre uma esperança jubilosa, capaz de transformar o mundo. Obrigado!

Que o Senhor abençoe todos nós, abençoe o nosso trabalho, abençoe os nossos povos, as nossas famílias, os nossos jovens, os nossos idosos e abençoe a Europa.

Que vos abençoe Deus Todo-Poderoso, Pai e Filho e Espírito Santo. Muito obrigado. Obrigado!

---

[90] PAULO VI. *Carta apostólica Pacis nuntius,* Roma, 24 out. 1964.

Mensagem ao II Fórum das Comunidades Laudato si'[91]

Saúdo cordialmente os organizadores e participantes do II Fórum das Comunidades Laudato si', que se celebra num território devastado pelo sismo que atingiu a Itália central em agosto de 2016 e que mais do que outros pagou um alto preço em número de vítimas.

É um sinal de esperança o fato de que vos encontreis precisamente em Amatrice, cuja recordação está sempre presente no meu coração, refletindo sobre os desequilíbrios que devastam a nossa "casa comum". Não só é um sinal de proximidade a muitos irmãos e irmãs que ainda vivem no espaço entre a memória de uma terrível tragédia e a reconstrução que tarda a começar, mas exprime também o desejo de fazer ressoar em alto e bom som que são os pobres quem pagam o preço mais elevado da devastação ambiental. As feridas infligidas ao meio ambiente são inexoravelmente feridas infligidas à humanidade mais indefesa. Escrevi na encíclica

---

[91] FRANCISCO. *Mensagem ao II fórum das Comunidades Laudato si'*. Vaticano, 6 jul. 2019.

Laudato si': "Não haverá uma nova relação com a natureza sem um ser humano novo. Não há ecologia sem uma adequada antropologia".[92]

Depois do debate do ano passado sobre a questão do plástico que está sufocando o nosso planeta, hoje refletis sobre a grave e já não sustentável situação da Amazônia e dos povos que ali vivem. Inspirais-vos, portanto, no tema do Sínodo para a Amazônia, que se realizará em outubro próximo, tendo como foco a região pan-amazônica, cujo *Instrumentum laboris* foi recentemente apresentado.

A situação da Amazônia é um triste paradigma do que está acontecendo em muitas partes do planeta: uma mentalidade cega e destrutiva que prefere o lucro à justiça; evidencia a atitude predatória com a qual o homem se relaciona com a natureza. Por favor, não vos esqueçais de que a justiça social e a ecologia estão profundamente interligadas! O que está acontecendo na Amazônia terá repercussões em nível planetário, mas já prostrou milhares de homens e mulheres que foram privados do seu território, que se tornaram estrangeiros nas suas terras, depauperados das próprias culturas e tradições, rompendo o equilíbrio milenar que unia esses povos à sua terra. O homem não pode permanecer um espectador indiferente diante dessa destruição, nem a Igreja pode ficar calada: o grito dos pobres deve ressoar

---

[92] FRANCISCO. *Carta encíclica Laudato si'*, Roma, 24 maio 2015, nº 118.

na sua boca, como já evidenciava São Paulo VI na sua encíclica *Populorum progressio*.

Promovidas pela Igreja de Rieti e o Slow Food, as Comunidades Laudato si' estão comprometidas não só a divulgar o ensinamento proposto na homônima encíclica, mas também a promover novos estilos de vida. Nessa perspectiva pragmática, gostaria de vos indicar três palavras.

A primeira palavra é doxologia

Diante do bem da criação e sobretudo face ao bem do homem, que é o ápice da criação, mas também o guardião, é necessário adotar uma atitude de louvor. Diante de tal beleza, de renovada maravilha, de olhos infantis, devemos ser capazes de apreciar a beleza que nos circunda e com a qual também o homem foi criado. O louvor é fruto da contemplação, a contemplação e o louvor levam ao respeito, o respeito torna-se quase veneração diante dos bens da criação e do seu Criador.

A segunda palavra é eucaristia

A atitude eucarística em relação ao mundo e aos seus habitantes sabe captar o estatuto de dom que cada pessoa carrega dentro de si. Tudo nos é dado gratuitamente, não para ser depredado nem destruído, mas para se tornar, por sua vez, um dom a partilhar, um dom a doar para que a alegria seja para todos e, portanto, maior.

A terceira palavra é ascese

Qualquer forma de respeito vem de uma atitude ascética, isto é, da capacidade de saber renunciar a algo por um bem maior, pelo bem dos outros. A ascese ajuda-nos a converter a atitude predatória, sempre em emboscada, em partilha, em relações ecológicas, respeitadoras e educadas.

Faço votos a fim de que as Comunidades Laudato si' possam ser semente de um modo renovado de viver o mundo, para lhe dar um futuro, conservar a sua beleza e integridade para o bem de cada pessoa, *ad maiorem Dei gloriam*.

Agradeço-vos e abençoo-vos do fundo do coração. Rezai por mim!

Francisco
Vaticano, 6 de julho de 2019.

Agradecimentos

As pessoas a quem quero agradecer tornaram possível não só este livro, mas também o desenvolvimento e o funcionamento das Comunidades Laudato si'.

Primeiramente, agradeço a Domenico Pompili, bispo de Rieti, pela sua amizade e pela disponibilidade em tornar os diálogos possíveis e por ter compartilhado a experiência das Comunidades.

Obrigado a Rinaldo Rava pelas suas preciosas contribuições editoriais; a Giulia Lombardo Pijola, pelo trabalho de pesquisa nos textos do Papa Francisco; e a Roberta Mazzanti, pela edição e o trabalho de coordenação editorial.

Enfim, um agradecimento a Maria Luisa Boccacci e ao time que coordena a rede das Comunidades Laudato si' em todo o território nacional.

Carlo Petrini

Referências

FRANCISCO. *Carta do Papa Francisco aos movimentos populares*, Vaticano, 12 abr. 2020. Disponível em: https://www.vatican.va/content/francesco/pt/letters/2020/documents/papa-francesco_20200412_lettera-movimentipopolari.html. Acesso em: 24 set. 2021.

FRANCISCO. *Carta encíclica Laudato si'*, Roma, 24 maio 2015. Disponível em: https://www.vatican.va/content/francesco/pt/encyclicals/documents/papa-francesco_20150524_enciclica-laudato-si.html. Acesso em: 24 set. 2021.

FRANCISCO. *Discurso aos participantes da conferência "(Re)thinking Europe", promovida pela Comissão das Conferências Episcopais da Comunidade Europeia (COMECE)*, Vaticano, 28 out. 2017. Disponível em: https://www.vatican.va/content/francesco/pt/speeches/2017/october/documents/papa-francesco_20171028_conferenza-comece.html. Acesso em: 24 set. 2021.

FRANCISCO. *Encontro com os estudantes e o mundo acadêmico*, Bolonha, 1 out. 2017. Disponível em: https://www.vatican.va/content/francesco/pt/speeches/2017/october/documents/papa-francesco_20171001_visitapastorale-bologna-mondoaccademico.html. Acesso em: 24 set. 2021.

FRANCISCO. *Exortação apostólica Evangelii gaudium*, Roma, 24 nov. 2013. Disponível em: https://www.vatican.va/content/francesco/pt/apost_exhortations/documents/papa-francesco_esortazione-ap_20131124_evangelii-gaudium.html. Acesso em: 24 set. 2021.

FRANCISCO. *Exortação apostólica pós-sinodal Christus vivit*, Loreto, 25 mar. 2019. Disponível em: https://www.vatican.va/content/francesco/pt/apost_exhortations/documents/papa-francesco_esortazione-ap_20190325_christus-vivit.html. Acesso em: 24 set. 2021.

FRANCISCO. *Exortação apostólica pós-sinodal Querida Amazônia*, Roma, 2 fev. 2020. Disponível em: https://www.vatican.va/content/francesco/pt/apost_exhortations/documents/papa-francesco_esortazione-ap_20200202_querida-amazonia.html. Acesso em: 24 set. 2021.

FRANCISCO. *Mensagem do Papa Francisco ao II Fórum das Comunidades Laudato si'*, Amatrice, 6 jul. 2019. Disponível em: https://www.vatican.va/content/francesco/pt/messages/pont-messages/2019/documents/papa-francesco_20190706_messaggio-comunita-laudatosi.html. Acesso em: 24 set. 2021.

FRANCISCO. *Mensagem do Papa Francisco para o Dia Mundial do Migrante e do Refugiado*, Vaticano, 27 maio 2019. Disponível em: https://www.vatican.va/content/francesco/pt/messages/migration/documents/papa-francesco_20190527_world-migrants-day-2019.html. Acesso em: 24 set. 2021.

FRANCISCO. *Mensagem do Papa Francisco para o lançamento do Pacto Educativo*, Vaticano, 12 set. 2019. Disponível em: https://www.vatican.va/content/francesco/pt/messages/pont-messages/2019/documents/papa-francesco_20190912_messaggio-patto-educativo.html. Acesso em: 24 set. 2021.

JOÃO PAULO II. *Carta encíclica Centesimus annus*, Roma, 1 maio 1991. Disponível em: https://www.vatican.va/content/john-paul-ii/pt/encyclicals/documents/hf_jp-ii_enc_01051991_centesimus-annus.html. Acesso em: 24 set. 2021.

JOÃO PAULO II. *Exortação apostólica pós-sinodal Vita consecrata,* Roma, 25 mar. 1996. Disponível em: https://www.vatican.va/content/john-paul-ii/pt/apost_exhortations/documents/hf_jp-ii_exh_25031996_vita-consecrata.html. Acesso em: 24 set. 2021.